ICDC
工业和信息化部工业文化发展中心
Industrial Culture Development Center of MIIT

孙星 魏伟 程楠

——著

产品的文化定价权

工业文化精选书丛

U0782330

人民邮电出版社
北京

图书在版编目（CIP）数据

产品的文化定价权 / 孙星，魏伟，程楠著. -- 北京：
人民邮电出版社，2022.8
ISBN 978-7-115-59328-3

Ⅰ. ①产… Ⅱ. ①孙… ②魏… ③程… Ⅲ. ①产品—
定价—研究 Ⅳ. ①F714.1

中国版本图书馆CIP数据核字(2022)第106786号

内 容 提 要

　　本书在综合研究产品定价理论的基础上，从文化视角切入，就产品的文化定价权展开了较为系统的研究，构建了理论框架，并提供了切实可行的实践指导。本书共七章，分别介绍了产品定价理论、引入产品文化定价的动因、影响产品定价的文化元素、产品文化定价的理论与方法、产品文化价值的提升路径、产品的文化溢价效应、形象塑造等。

　　本书构建出产品的文化定价权理论体系及实施策略，在理论层面，既丰富了经济学的产品定价理论体系，又为工业文化研究提供了新的视角；在实践层面，相关研究能为各级政府和相关企业有效地将文化因素引入产品定价体系提供参考借鉴，从而提高产品的附加值、增强企业的竞争力。本书适合对产品定价感兴趣的读者，以及从事工业文化研究的相关人员阅读。

◆ 著　　　　　孙　星　魏　伟　程　楠
　　责任编辑　李　莎
　　责任印制　王　郁　胡　南
◆ 人民邮电出版社出版发行　北京市丰台区成寿寺路 11 号
　　邮编　100164　　电子邮件　315@ptpress.com.cn
　　网址　https://www.ptpress.com.cn
　　涿州市京南印刷厂印刷
◆ 开本：720×960　1/16
　　印张：19.5　　　　　　　　　　2022 年 8 月第 1 版
　　字数：211 千字　　　　　　　2022 年 8 月河北第 1 次印刷

定价：79.90 元

读者服务热线：(010)81055410　印装质量热线：(010)81055316
反盗版热线：(010)81055315
广告经营许可证：京东市监广登字 20170147 号

前言

●
●

　　产品定价理论是微观经济学研究中的核心问题之一，也是企业在实际经营中获取优势市场地位、实现利润最大化的重要命题。在经济全球化持续深入的今天，国家间产品交换和贸易的深度及广度不断增加，一个国家的产品价格已成为影响其他各国在经济全球化过程中所获收益的重要因素，相应的产品定价权则成为各国争相抢占的市场制高点。对于不断融入世界市场、积极进行海外拓展的企业而言，产品定价权决定了企业能否在激烈的国际竞争市场中获得一席之地并赚取较高的利润。

　　现有的产品定价理论主要以西方微观经济学为基础，侧重于从市场（如产品的供求、市场结构）和技术（如产品的成本、性能）等角度探讨产品价格的形成机制和体系，对于文化因素在产品定价中所起到的作用及相应机制、规律则探讨得较少。而近现代工业化发展历程表明，随着科技进步、生产生活方式的变革，以文化因素为代表的"软实力"成为一国经济和工业实力的有机构成部分，在全球化浪潮下，文化软实力也相应地在国际竞争中占据越来越重要的地位。从中外历史来看，没有强大文化的民族，无论其军事实力、经济实力如何强大，最终都会走向衰败甚至消亡。所有传承至今的民族，都是依凭文化的智慧而生生不息，各个国家、各个民族之间的生存竞争归根结底是文化的竞争，而产品之间的竞争也与文化息息相关。

在社会发展过程中，人类的诸多需要最终都可以归结和转化为文化的需要。产品价值传统上主要表现为产品的使用价值，即产品能够满足消费者对功能、质量、性能等方面的需求。随着经济社会发展水平的提升和消费者对于更高精神追求的向往，产品的文化价值也成为产品价值的重要组成部分，它能够带来意想不到的溢价效应。成功的产品开发就是与竞品形成差异化竞争，将丰富的文化内涵引入产品中，可以使其相对于竞品体现出独特的韵味和魅力，并利用这种文化价值的差异性效应提高产品的附加值和竞争力。

发达国家在全球工业化进程中创造了丰富的工业物质产品，也形成了各具特色、底蕴深厚的工业文化，这使得发达国家在当今国际市场中的产品定价领域拥有巨大的话语权，在产品的文化定价权方面也具有明显优势。众多发展中国家在全球定价体系中则处于相对弱势的地位，更多地依靠成本优势参与国际竞争，甚至会长期陷于价格战的模式，产业发展始终徘徊于低附加值区域。与此同时，许多发达国家的跨国企业在产品定价过程中越来越重视将历史传承、价值理念、风俗习惯、生活方式、时尚符号等各种文化元素融入产品，极大地提升了产品的文化附加值，以实现产品溢价能力的最大化，并借此占领了产业的制高点。比如，当发展中国家还在完善产品生产制造链的时候，发达国家就已经在打造品牌价值链了，或是以"皇室认证"追溯历史，或是以"手工打造"标榜品质，或是以"联名限量"创造噱头，不一而足。因此，即使在产品功能、质量和性能相差无几的情况下，发达国家也能够凭借其强大的文化软实力在市场竞争中获取优势地位，赢得超额利润。

没有文化滋润的民族是没有活力的民族，同样，没有文化浸润的产品也是没有活力的产品。企业是获取产品定价权的具体实施者和执行者，也是产品文化定价权获取战略中最核心、最基本的主体。在经济全球化不断深化的今天，市场竞争已步入"拼技术、拼创新、拼文化"的时代，企业开启了以技术比高低、以创新论输赢、以文化定成败的征程。可以想象，一件产品如果没有品牌质量、没有创意设计、没有文化内涵，就会像没有核心技术一样尴尬；毫无疑问，产品的技术与文化融合创新是企业赢得市场、获取产品定价权乃至产业主导权的制胜法宝。

基于以上背景，本书针对产品的文化定价权进行了研究，尝试将文化因素引入产品定价体系中，构造纳入文化因素的产品定价权理论与实施策略。在理论层面，可以丰富现有的产品定价理论体系，为产品定价理论的拓展作出贡献。在实践层面，可以为各级政府和企业采取相应措施、有效地将文化因素引入产品定价过程提供参考，实现对产品的文化赋能，从而提高产品的附加值，增强企业的竞争力。

目录

第三章

影响产品定价的文化元素

第四章

产品文化定价的理论与方法

第五章

产品文化价值的提升路径

第六章

产品的文化溢价效应

第七章

形象塑造

参考文献　　　　　　　　　　　　／ 297

第一章

产品定价理论

自商品经济诞生以来，产品定价即成为商品经济活动中一个恒久的课题。作为沟通产品买卖双方行为的基本桥梁，产品价格因涉及相关社会成员的利益而具有强烈的现实意义，是生产者、消费者和政府关注的重要对象。同时产品价格也是商品经济中对土地、资本、劳动力等社会生产要素以及相应的社会福利进行配置的重要调节信号和手段，因此产品定价一直是经济理论研究的核心问题之一。从经济理论中对产品定价问题的梳理，可以清晰地看出在商品经济中，市场化定价是产品定价的主流。不过依然存在某些非市场化定价的产品，这些产品主要是非竞争性的公共品，以及高度自然垄断的公用事业产品，如水、电、燃气等。本书对产品文化定价问题的研究以市场化产品的定价为研究对象。

在商品经济发展的不同阶段，由于生产组织方式、要素形态、生产技术和工艺等的变化，产品定价理论也相应经历了不断丰富和发展的过程。本章对自由资本主义时期、垄断资本主义时期、新自由资本主义时期和经济全球化时期等不同历史时期的产品定价理论进行回顾，梳理产品定价的一般规律和特征，并分析文化因素和产品价格之间可能存在的相关性，探寻文化因素在产品定价中的角色演化。

第一节　自由资本主义时期

经济学，特别是微观经济学的发展史几乎可以称为价格学说史。在经济学发展的早期，产品价值的来源及其形成机制是经济学家关注的重点。在这一时期，经济学主要经历了从重商主义的商业资本价值论、重农学派的纯农产品价值论、威廉·配第（William Petty）的土地—劳动价值论、亚当·斯密（Adam Smith）的三种要素价值论到大卫·李嘉图（David Ricardo）的劳动价值论等的发展，形成了古典政治经济学理论学派。

随着19世纪第一次产业革命的完成，包括资本家、产业工人等在内的新社会阶级逐渐成形，社会思潮也出现更为多元的发展，经济学逐渐演化为两大流派：一是沿袭亚当·斯密的自由经济理论发展而成的西方主流经济学派，即市场经济学派；二是以马克思（Marx）的剩余价值理论为基础的社会主义经济学派。

亚当·斯密是市场经济体系内在运行规律的揭示者与自由经济的倡导者，在其经典传世名著《国民财富的性质和原因的研究》（简称《国富论》）一书中，亚当·斯密把市场经济中的协调机制——价格体系，描述为"一只看不见的手"，认为放任自由的自由市场经济是最具效率的经济组织形式，政府在其中应该只扮演"守夜人"的角色，由此形成了自由经济的理论支撑。从亚当·斯密的自由经济理论开始，主流的经济理论都以市场定价作为产品定价的一般手段，价格理论也因此成为微观经济分析的核心内容。这个时期，经济学家认为市场是有序的，主张自由经济；认为自由市场应该是完全竞争的，并且应由市场决定价格。这个时期定价理论的特点：近似完全的竞争市场，产品的同质化，产品的价值及价格产生的根源为研究重点，产品定价就是市场定价。法国经济学家让·巴蒂斯特·萨伊（Jean-Baptise Say）的效用价值论以效用作为决定价值的基础，认为供求决定价值的变动，生产费用决定价值的最低限度。它的提出，使主流经济学由着重对生产关系进行考察的政治经济学转向着重对社会产品生产过程的研究，即对社会产品生产、分配、交换与消费各环节的系统研究，尽管它还存在一些矛盾和混乱，却为后来在西方经济学中占据主流地位的边际效用理论奠定了基础。

19 世纪 70 年代左右，奥地利经济学家卡尔·门格尔（Carl Menger）和英国经济学家威廉姆·斯坦利·杰文斯（William Stanley Jevons）等人把效用价值论发展为边际效用价值论，后来奥地利学派经济学家庞巴维克（E. Böhm-Bawerk）对边际效用理论作了进一步的系统阐述和理论论证，该理论逐渐成为西方经济学中有相当大影响力的理论。该理论认为"商品有没有价值，就看人们主观上是否认为对他有用处；决定商品价值的，既不是它的最大效用，也不是它的平均效用，而是它的边际效用"。边际效用是指增加一单位商品或劳务的消费，消费者所获得的效用增加量。比如当一个饥肠辘辘的人吃第 1 个馒头时，他会得到极大的满足，这种满足感就是消费 1 个馒头给他带来的边际效用。一般而言，边际效用会呈现随着消费数量的增加而减少的规律：同一个人继续吃第 5、第 6 个馒头时，所获得的满足感会少于吃第 1 个馒头时。随着 19 世纪中后叶边际革命的出现，以及数理分析方法在经济学研究中的普遍使用，经济学研究有了更为有力的手段与广阔的空间。以阿尔弗雷德·马歇尔（Alfred Marshall）为代表的新古典学派，以完全竞争为前提，从经济主体行为人利益最大化假定出发形成了新古典价格理论，其以市场运动为对象，利用边际分析与静态均衡方法讨论市场价格运行机理，构成了市场经济条件下价格理论的主体基础。这个时期定价理论的特点：近似完全竞争市场，最终产品无差异，生产和交换的过程存在差异，经济主体利益最大化。

　　随着亚当·斯密的自由经济理论的提出，主流经济理论均以不受管制的市场经济作为私人产品配置的有效方式。而在没有特指的情况下，市场机制下的产品定价就是指通过市场调节达到优化配置的私人产品的定价。市场机制定价的两个基本的行为主体是市场产品的供给方——企业，以及市场产品的需求方——消费者。企业对产品的价值评价体现为产品的供给价格，即企业对一定数量的产品愿意接受的最低价格，它取决于由企业生产规模、生产技术和投入要素价格水平决定的企业成本函数；消费者对产品的价值评价体现为产品的需求价格，即消费者对一定数量的产品愿意支付的最高价格，它取决于消费者对产品的偏好和消费者的收入水平。这一时期，影响产品定价的主要因素为市场的供求关系，效用和生产要素（工资、地租、利息等）。受限于当时的社会经济发展水平，学者们并没有对文化在产品价格形成过程中的作用和影响进行分析，也没有对相应的产品文化定价权问题进行探讨。

　　在马克思的经典巨著《资本论》中，出于所处时代的生产力发展水平和所关注问题的缘故，马克思并未对文化与产品定价之间的关系进行直接的论述和分析。不过他多次提到文化发展与社会生产、市场需求之间存在密切的关系。比如《资本论》在第一卷第八章提到"工人必须有时间满足精神的和社会的需要，这种需要的范围和数量由一般的文化状况决定"，可见文化发展水平和文化特征决定了以工人为代表的消费者需求；在第一卷第十四章提到"工人在文化方面跟不上发明的进步。许多物品他们已经买得起，可是他们不知道怎样使用它们，所以他们没有为这些物品创造任何市场"，这表明文化元素会通过影响工人的消费习惯而创造出新的市场。马克思的上述分析表明了文化对消费者的消费行为和需求特征会产生显著影响，这种影响也为在产品定价体系中引入文化元素提供了理论支撑。

第二节　垄断资本主义时期

垄断资本主义时期，即 1920 年全球经济大萧条爆发至第二次世界大战（以下简称二战）前后，经济学家对产品定价理论的研究重点转向产品的生产、交换、分配和消费等各个环节。在此期间，由于数理分析方法在经济学研究中的广泛应用，对土地、资本、劳动力等生产要素如何进入产品价格体系及产品价格形成机制等问题的研究范式发生了较大变化，从以往的定性研究转变为定性分析、定量研究相结合，定量分析的重要性不断增强。其中较为典型的包括对市场结构理论中产品定价问题的研究和价格歧视理论中有关产品定价问题的研究。

1．市场结构理论中的产品定价

按照竞争导向的理论，马歇尔的新古典经济学引发了对市场结构理论的研究。1933 年，美国哈佛大学教授张伯伦（E. H. Chamberlin）出版了《垄断竞争理论》。同年，英国剑桥大学教授琼·罗宾逊（Joan Robinson）也出版了专著《不完全竞争经济学》。他们在书中对竞争和垄断的关系进行了深入阐述，所提出的概念和观点成为现代市场结构理论的重要来源。张伯伦对现代市场结构理论的突出贡献是他对市场结构进行了具体分类。他将市场划分为四种类型：完全竞争、完全垄断、寡头垄断和垄断竞争。其中完全竞争和完全垄断都是极端的状态，而介于两者之间的垄断竞争则是大部分市场的一种常态。在完全竞争市场中，厂商无法控制价格，只能被动接受。在完全垄断市场中，厂商可以按照利润最大化原则定价。在这两种市场结构下，对产品定价的分析并不难，而寡头垄断和垄断竞争状态则极大地增加了产品定价的难度。

2．价格歧视理论中的产品定价

英国经济学家庇古（Arthur Cecil Pigou，1920）将价格歧视分为三类：完全价格歧视、二级价格歧视、三级价格歧视。价格歧视只有在特定条件下才能实行，并获得企业期望的效果。所谓完全价格歧视是指对于同一位消费者，对其购买的每个边际单位产品按照其边际价值估价收费；对于相同的产品，对每位边际消费者按照其价值估价收费。二级价格歧视是指确实存在不同类型的消费者，但企业缺乏消费者类型的基本信息时，企业可以设计价格菜单让消费者自行选择，即实施二级价格歧视，企业可以通过消费者的选择判断其类型。三级价格歧视是将市场按照一定准则切割成若干子市场，并对不同子市场收取相应的最优价格。但是庇古的研究有一个明显的缺陷，就是没有结合企业所处的竞争环境作进一步分析。

第三节　新自由资本主义时期

二战结束以后，西方资本主义国家进入新自由资本主义时期，市场经济的活跃极大地促进了经济学理论的发展，产品定价理论也由此迈入一个迅速发展的阶段，得到了极大的丰富和拓展。借助博弈论的应用，定价理论和定价策略开始广泛应用于产品定价决策中。产业组织理论则从市场结构角度出发研究产品价格的形成。与此同时，随着营销理论的发展，很多研究者从营销学的视角入手，根据案例和专家经验的数据，对产品定价行为进行分析并作出评价，提出了顾客认知价值论等学说。这些新的理论进展使得产品定价研究与企业实际经营结合得更为紧密，对企业的现实指导意义也更为凸显。

1．博弈论关于产品定价的研究

随着研究方法的发展，经济学家开始采用数理经济和博弈论的方法来研究产品定价。法国数学家、经济学家安东尼·奥古斯丁·库尔诺（Antoine Augustin Cournot）是早期研究数理经济和博弈论的重要人物。1944 年约翰·冯·诺依曼（John von Neumann）和奥斯卡·摩根斯顿（Oskar Morgenstern）的巨著《博弈论与经济学》的出版，标志着博弈论作为一门学科得以建立。博弈论的研究和发展对产品定价理论起到了极大的推动作用。由于寡头垄断并不是完全垄断，也会存在竞争，因此在该市场结构下，在位者与进入者的博弈成为研究的一个方向。市场结构理论及价格歧视理论都是在信息完全条件下对企业如何定价的研究，那么，企业如何在信息不对称的条件下进行定价成为研究的重点。1961 年，乔治·约瑟夫·施蒂格勒（George Joseph Stigler）观察到传统经济学家忽视了企业和购买者信息不对称的问题。施蒂格勒的基本观点是"只要搜寻更多的信息的边际回报等于或超过搜寻的成本，购买者自己就会寻找有关价格的信息"。由于不同的购买者从价格搜寻中感受到不同的成本和利益，而且有些人的信息工作比其他人做得更好一些，因此掌握信息较少的购买者给企业提供了收取高价的机会，从而类似产品可以在市场上呈现差价。但是，施蒂格勒忽视了消费者的认知价值对产品价格的影响，如果一名消费者搜寻到的价格已经低于其认知价值一定幅度，他也许就会停止搜寻信息，而不会再去考虑搜寻成本与降低后的价格到底哪个更低。

2．产业组织理论中的产品定价

以市场结构及价格歧视为基础发展出最早的产业组织理论，见于哈佛大学的梅森（E. Mason）教授及其学生乔·贝恩（Joe S. Bain）的相关研究中。西方产业组织理论在 20 世纪 70 年代之前，基本处于案例研究和经验研究的阶段，以哈佛学派和芝加哥学派为代表。而从20世纪70年代起，在微观经济学理论研究的现有基础上，产业组织理论研究了技术创新与产业组织结构的关系，以数理模型为基础的理论模型研究逐渐占据主流位置，形成所谓的"新产业组织理论"，代表人物包括史马兰奇（Schmalensee，1988）；威廉姆森（Williamson，1989）；让·梯若尔（Jean Tirole，1989）等。

哈佛学派的理论观点起源于20世纪30年代，著名经济学家张伯伦和梅森首先在哈佛大学开设了产业组织课程。尽管谢勒（F. M. Scherer）在1970年出版的《产业市场结构和经济绩效》一书中总结了有关市场行为，特别是价格形成、广告活动、研究开发等方面的研究成果，但是总体来说，哈佛学派更多的是探讨市场结构，对价格形成的研究不多。在哈佛学派的研究过程中，最常用的市场结构测度指标为市场集中度，哈佛学派坚定地认为高集中度的市场必然具有较高的垄断性，垄断企业的典型行为必然包括降低产量、提高价格、设置各种进入障碍等，以谋取垄断性的超额利润，从而造成资源的非效率配置，并阻碍技术进步。

产业组织理论的芝加哥学派思想是在与哈佛学派的争论中形成并逐渐发展起来的。芝加哥学派猛烈抨击了哈佛学派的结构决定绩效的理论及其严格的反垄断政策主张，指出哈佛学派仅仅通过一些经验数据和简单的分析归纳便轻易得出结论，缺乏严谨的理论系统。芝加哥学派运用新古典价格理论，从价格理论的视角考察产业组织和反垄断问题，以传统的价格理论中的重要概念"垄断"和"完全竞争"作为产业组织问题的研究起点。这种分析方法与哈佛学派传统的结构主义理论方法形成了鲜明的对照。

自20世纪70年代以来，随着经济全球化的发展和信息技术的进步，一些新型的产业组织形式，如模块化、网络化、虚拟组织等相继出现，新产业组织理论也相应兴起。在研究范式上，新产业组织理论突破传统的分析理念，寻求将产业组织理论与新古典微观经济学紧密结合的有效途径，重点研究企业在市场上的行为。具体到研究方法，区别于以往以经验分析和案例分析为主的方式，多运用以博弈论尤其是非合作博弈论为代表的数学分析方法，通过建立一系列的理论模型，探索企业行为的合理性并且强调经济福利问题。较为典型的是法国著名经济学家让·梯若尔出版的《产业组织理论》。该书将当时博弈论及信息经济学等的最新研究成果引入产业组织理论研究中，以博弈论重构了产业组织理论所涵盖的众多议题，将传统产业组织理论单向、静态的研究架构修改为双向、动态的研究架构。在新产业组织理论模型中，定价行为是企业间进行市场博弈的重要手段，也是新产业组织理论研究企业市场行为的重要内容。

3．顾客价值对产品定价的影响

美国营销专家劳特朋（Lautebom，1990）较早地认识到顾客价值并提出了4C理论，该理论认为企业在市场营销活动中应该首先注意

4C 原则，即顾客（Consumer）、便利（Convenience）、成本（Cost）、沟通（Communication），才能真正体现顾客价值。瓦拉瑞尔·A. 泽丝曼尔（Valarie A. Zeithmal）认为，企业为顾客设计、创造、提供价值时应该从顾客出发，把顾客对价值的感知作为决定因素，并于1988 年提出了感知价值模型。菲利普·科特勒（Philip Kotler）提出了顾客让渡价值的概念：顾客让渡价值是指总顾客价值与总顾客成本之差。但是，他没有做出进一步的指标量化研究。比斯沃斯和布莱尔（Biswas & Blair，1991）则认为参考价格是指当消费者接触到产品信息时，所联想到的任何价格。参考价格分为外部参考价格和内部参考价格。信息对消费者的认知起到重要作用，对企业定价的行为产生重要影响。在基于质量等级的定价方面，特维斯基和卡恩曼（Tversky & Kahneman，1981）提出了框架效应（Framing Effect），描述了质量等级对产品定价的影响。

第四节　经济全球化时期

经济全球化是当代世界经济的重要特征之一，也是世界经济发展的重要趋势。经济全球化的进程早已开始，其发轫于 15 世纪末的地理大发现，在第一次世界大战之前，由英国主导的早期经济全球化发展达到高峰。二战结束以后，尤其是 20 世纪 90 年代以来，随着冷战的结束和互联网科技的快速发展，世界经济全球化的进程大大加快。经济合作与发展组织（OECD）认为，"经济全球化可以被看作一种过程，在这个过程中，经济、市场、技术与通信形式都越来越具有全球特征，民族性和地方性在减弱"。虽然近年来由于经济全球化带来的内部分配、民粹主义兴起等问题，经济全球化发展出现了一定程度的减缓甚至是倒退，但整体而言，资源要素等跨国配置的步伐并未停止，区域经济一体化加快发展的格局反而更加清晰，产品的国际定价问题依然值得关注。

从动因来看，经济全球化主要是由于知识经济和网络经济的驱动而形成的，相应的产品定价规律也会受到知识经济和网络经济特征的影响。知识经济是以现代科技知识为基础、以脑力劳动为主体的经济形态，知识经济的发展催生了种类更多的新产品、新服务，使得全球范围的投资大幅提升，贸易交换活动愈加频繁，从而降低了国际交易的成本。网络经济是一种建立在计算机网络，特别是互联网的基础之上，以现代信息技术为核心的新的经济形态，网络经济的发展使得各国间的信息、商品和要素的流动及交换速度相比以往有了极大的提升，促进了经济全球化的深化发展。随着知识经济和网络经济的到来，产品的形态发生了很大的变化，高新技术产品、知识性产品等区别于传统工业制品的产品大量出现，互联网的普及也使得信息传递渠道发生了变化，相应的产品定价规律也出现了一定的变化。与此同时，随着产品跨国流动性的增强，产品定价问题呈现出与在国内定价时不同的特征，产品的国际定价问题相对以往显得更为突出。此外，近 10 年来，随着作为知识经济最新表现形态的数字经济的蓬勃发展，很多产品以数字的形式存在于服务器中，其生产、存储和交易的方式显著区别于传统产品，此类数字产品的定价模式也很值得探讨。

1. 知识经济下的产品定价理论

知识经济定义为建立在知识的生产、分配和使用（消费）之上的经济。传统的经济增长理论注重劳动力、资本、原材料和能源，认为知识和技术是影响生产的外部因素。在知识经济时代，依托知识可以提高投资回报率，而这又可反过来促进知识的积累，人们可以通过创造更有效的生产组织方法及产生新的或改进后的产品和服务，实现传统经济增长理论设定的目的。

1973 年，美国哈佛大学教授丹尼尔·贝尔（Daniel Bell）出版了《后工业社会的来临》，从信息发展的角度探讨了价值的产生。他认为相对于工业社会，后工业社会是由知识和技术形成的，信息和技术是它的"主要结构特征"，因此"后工业社会的特点并不在劳动价值论，而在知识价值论"，在工业社会是劳动创造价值，而在后工业社会则是知识创造价值。在知识交易的管道下，无论是对知识产品还是对知识服务的收费，定价都是获取知识回报的中心问题。目前关于知识交易的定价分析主要有以下 3 条路线。

一是成本加成路线。所谓成本加成，即依据知识生产的成本加上知识生产者的利润分成来确定交易价格。

二是价值路线。信息产品的成本结构使得作为传统经济学的基本规范之一的"有效的产品市场价格反映生产的边际成本"的论断难以维系。信息产品（如计算机软件）在研发阶段需要大量投入，一旦开发完成进行批量生产，其边际生产成本相对于服装、汽车等传统产品就会低很多，甚至可以忽略不计，这使得信息产品的定价更多地受到市场价值而非生产的边际成本的影响。

三是博弈论路线。一些研究者继续致力于将互联网时代的新现象纳入现有经济学分析框架之中，研究如何设计出更有效率的市场机制，优化互联网环境下市场配置资源的功能。在各类经典的经济学理论中，博弈论可能是最适宜于分析网络经济问题的一种理论。博弈论研究这样一种情形，即人们的决策不仅取决于他们自身的选择，也取决于与他们互动的其他人所做出的选择。最经典和广为人知的就是"囚徒困境"，相似问题还有许多，如同类产品的定价问题、拍卖会上的投标竞价问题等。但凡每个决策者的选择结果依赖于其他人的决策，就适宜用博弈论进行分析。在高度互联互通、广泛相互影响的网络社会中，博弈论可以为大量问题提供理论分析框架和决策思路。

2．网络经济下的产品定价理论

互联网对人类社会的巨大影响不仅仅表现为信息获取、处理与传递方式的巨大变化，更表现为催生了构建在信息技术之上的新型产业形态、社会思维、人际交往方式、生活方式和新型文化，甚至包括虚拟生活这一从未在人类社会中出现并超越前人想象的新型生活形态。

人类进入 21 世纪，网络经济作为一种全新的经济形态被引入，这种基于互联网的经济形态不仅是信息网络时代产生的一种崭新的经济现象，而且正以极快的速度影响着社会经济和人们的生活。网络经济不同于传统经济，它是知识经济的一种形态。网络经济借助网络化、数字化技术开展全新的经济活动，并通过全球互联网加快信息的交流和传递，极大地降低了经济活动与社会活动的成本，提高了社会运作效率和企业经营效益。

　　网络经济具有信息与技术含量高，数字化程度、附加值高等特性，并以知识或数据作为主要的生产要素，区别于传统经济中土地、资本和劳动力等传统生产要素，相应地，边际收益递增和边际成本递减等概念在网络经济中的适用性遇到很多挑战。在传统经济学中，企业的生产要素主要是人力、物质资源、资本等，在产品生产过程中，这些生产要素是逐渐被消耗的，即表现为"耗损型"经济。如果企业想要扩大生产规模，那么就必须投入更多的人力、物力，这使得企业的生产成本大大增加、边际收益递减。在网络经济中，其生产要素主要是知识或数据，并且把知识或数据作为一种生产要素，与其他诸如土地、资本和劳动力等传统生产要素相结合进行生产时，前者可以提高后者的生产率。一项知识可以被两个或两个以上的使用者互不影响地同时使用，其价值和存量不但不会减少，还可能增加，即网络经济是让知识和信息增值的一种经济模式。例如生产中，企业可以对有用的知识或信息无限次地进行使用或复制等，其使用成本几乎为零，而且随着知识规模的不断扩大，网络经济中的边际收益也会不断增加，这使得网络经济具有"累积增值性"。这给以成本为基础、以趋向均衡为常态的传统价格理论和商品定价模式带来了严峻的挑战和冲击。

奥兹·谢伊（Oz Shy，2002）在其著作《网络产业经济学》中明确提出，"由于网络信息产品具有边际成本低至可以忽略不计的特性，所以网络信息产品以成本为基础的定价失去了意义，实行差别定价或以低价出售产品可以获得更高利润"。缪谦（2008）在其《网络信息产品定价研究》中提出，在传统经济学研究中，市场交易是否能够成功进行，是由产品生产商的参与约束和消费者的参与约束共同决定的。所以从严格意义上说，网络信息产品（以下简称信息产品）的定价方式属于价格歧视范畴，而价格歧视理论源于前文所提到的经济学家庇古（1920）的研究。此后在信息产品定价方面，很多经济学家在此基础上研究了信息产品差别定价的不同形式，其中主要的形式有捆绑定价、产品共享（即出租、借阅等）、个人化定价、版本划分、群体定价、质量歧视和数量歧视等。

然而，由于信息产品本身的复杂特性，人们对信息产品如何定价尚未形成统一的认识，许多经济学家和相关学科的学者对信息产品定价进行了大量研究。有关信息产品的第一篇经典论文是哈耶克（Hayek）于1945年发表的"The Use of Knowledge in Society"，他在其中论述了知识在社会中的应用和重要性，虽然没有直接涉及产品定价问题，但他在文中多次提到包括信息在内的知识要素会对价格形成及其运行机制产生影响。而后，施蒂格勒（1961）探讨了经济生活中的"信息搜寻"问题，肯尼思·E.博尔丁（Kenneth E. Boulding，1966）在其经典论文"The Economics of Knowledge and Knowledge of Economics"中强调信息是一种特殊的商品，而以往主流经济学家对于信息的忽视导致在知识经济时代无法准确界定商品的价值。肯尼斯·阿罗（Kenneth Arrow，1954）在其开创的微观经济学不确定性选择理论中，也强调了信息作为一种商品在资源配置中的重要性。在过去几十年里，关于信息产品的研究已经成为多个学科的重要研究方向，有学者总结了这方面的研究成果。信息及知识的生产、销售和价值在许多论文中被论及。随着经济和科学技术的发展，与信息相关的产业对世界经济起着越来越重要的作用。在信息产品的价格形成机制方面，荷兰学者莫肖维茨（A. Mowshowitz，1997）提出了"千层盆模型"，他认为信息的每一道加工工序均能加成它的交易价格。核心层的信息是原始信息或信息的实质内容，这一层的价格为基础价格。对大多数信息来说，市场价值主要决定于其核心部分，而部分信息的市场价值则主要取决于后期加工的成本。每一次加工程序可以增大信息的价值，同时不同程序对信息的增值幅度存在差异。

上文介绍了知识经济和网络经济下产品定价理论的发展，从中可以清晰地得出结论：在工业经济中，产品定价主要是以成本为导向、以边际理论为基础，当边际收益等于边际成本，边际利润为零时的售价是企业理想的最优售价，此时价格等于边际成本，企业盈利最高，实际价格则围绕这一理想价格水平上下波动；而在知识经济和网络经济时代，知识、技术成为主要生产要素，使得影响产品定价的因素增多，很难再直接使用传统工业经济中的产品定价理论进行分析。

3．产品国际定价理论

经济全球化有利于资源和生产要素在全球的合理配置，有利于资本和产品的全球性流动，有利于科技的全球性应用。经济全球化使得跨国商品流通、服务贸易和资本流动的规模增大且形式更为多样化，使得技术传播速度加快，使得世界各国经济的相互依赖性增强。

理论上商品的国际市场价格由该商品的供求关系决定，就市场竞争充分的商品而言，其国际市场价格主要由国际市场供求决定。因此，对大宗商品的价格研究，基本沿用了经济学的市场均衡理论，从生产、交换、分配、消费和国际市场运行等角度展开。但是，近年来，全球大宗商品价格经历了错综复杂的变化，各国围绕大宗商品的定价权展开了激烈的斗争，并进一步引发了全球经济贸易格局的深刻调整。关于能源、原材料等大宗商品，由于国际市场经常处于信息不对称、寡头垄断、不完全竞争的状态，特别是国际政治、大国之间的利益关系与博弈等错综复杂，其价格并不由供求因素主导。

产品在国际市场的定价，尤其是大宗商品在国际市场上的定价问题，在宏观上，与国际经贸格局变化，特别是经济全球化背景下的国际分工、全球产业链及价值链、跨国公司的国际资本流动、国际金融与货币关系等均有紧密的联系；在微观上，与产业及企业的技术进步、互联网应用与生产流程再造等全要素生产率的变化息息相关。总之，大宗商品的价格波动，是国际经贸格局演变的直接结果，反过来也对国际经贸格局的进一步变化产生直接的影响。

案例

全球大宗商品定价权之争

在国际贸易中，商品价格通常是按照期货价格来确定的。大宗商品定价权是制定大宗商品交易规则的权利，期货市场或者其他市场规则的制定者拥有大宗商品的定价权。但是，全球大宗商品期货市场并不能完全反映实体经济的供给和需求关系，有时会发生异动。其中一个原因是拥有大宗商品定价权的主要国家或者机构控制着国际市场，可多数大宗商品真正的产出国却没有定价权，由于各方都想利益最大化，就难免会出现对定价权的争夺。

例如，2014年国际油价发生暴跌就引发了世界各国的高度关注。除了当时原油需求放缓之外，在供给层面则主要是美国页岩油气企业为了挤占石油生产国的市场份额而持续发力。欧佩克的"老大哥"沙特阿拉伯的企业为了应对挑战，试图用低油价"逼死"美国的页岩油气企业，便在2014年下半年大幅增产，于是造成国际原油价格持续下跌，至2015年年末国际油价跌到 25 美元一桶。在这场能源供给之战中，沙特阿拉伯的企业和拥有页岩油气定价权的美国企业都竭尽全力，结果是美国页岩油气企业居然靠着借债活了下来。因此，欧佩克不得不拉拢不幸遭殃的俄罗斯企业一道实施减产策略，原油价格才开始逐步回升。

第五节　文化因素在产品定价中角色的演变

在市场经济发展早期，由于经济社会整体发展水平较低，人们对产品的需求主要处在应用其基本使用功能的层次，对于产品价格比较敏感。随着经济发展水平的提升，人们对产品的需求日益多元化，文化需求开始逐渐显现。从理论研究来看，早期的产品定价理论很少论及文化因素的影响，近年来有些学者开始慢慢关注文化对产品价格的影响，但整体而言，此类研究相对较少，且侧重于跨国文化的比较。比如，侯赛因等（Hussein et al., 2017）学者以美国在华跨国公司为例，考察了国家间文化差异与跨国公司转移定价行为之间的关系。

另外，营销学研究中逐渐涉及文化营销的概念，将文化因素纳入企业营销的各个环节，对文化营销的概念及其内涵、发挥作用的机制等进行了探讨，如李德庆（2015）认为文化营销具有差异化功能、品牌提升作用和沟通作用，通过文化营销能使产品具有一定的差异性，能提升产品的品牌知名度和消费者的忠诚度，还能与消费者进行更好的沟通。此外，有关文化产品定价问题的研究近年来也逐渐受到了学者们的关注。文化产品与一般产品相比，有很多相似之处。大部分市场营销学的图书作者认为一般产品定价的很多方法也适用于文化产品定价。他们将影响文化产品定价的因素主要分为 5 个方面：企业定价目标、文化产品成本、市场竞争程度、购买者偏好和政府政策法规。李庭新和李书（2005）研究了文化产品的价值构成。他们将文化产品的价值分为 3 个部分：主体价值、载体价值和转化价值。主体价值是指文化产品生产过程直接投入的体力劳动和脑力劳动所创造的价值。主体价值由两部分组成，一部分是隐含在文化产品内的知识价值；另一部分是包含在文化产品内的文化价值，即使用者在思想、艺术和审美等精神方面获得的价值。载体价值是指文化产品所依附的实物价值。转化价值是指文化产品在生产、使用的过程中从生产者、生产设备中获得的转移价值。王志标（2008）对影响文化产品定价的因素进行了分析，具体从文化产品的供求、生产花费的时间、历史沉积时间、奇巧性、成本与消费水平、消费者偏好、政府管制、垄断、知名度与品牌等 9 个方面进行论述，他认为"从生产者角度来看，文化产品的供给往往是缺乏弹性的，文化产品定价有时更易受到历史沉积时间、奇巧性和消费者偏好这几种因素的影响"。但红燕、蒋强（2011）从文化产品的特性着手，探讨了文化产品定价机制，总结了文化产品的八大特性：创意性、衍生性、价值的非消耗性、可复制性、传播快速性、成本结构特殊性、对消费者偏好的依赖性、市场的集群性。他们认为文化企业在制订定价策略时，应首先考虑自身的战略目标和生存位置，以此来设定定价目标，再根据自己的目标细分市场，准确把握根据消费者需求确定的成本价格、竞争对手价格、消费者认同价格等因素，在此基础上找出适合自身发展的定价策略。秦霖和邱菀华（2005）通过对文化产品的价值实现形式和价格形成机制进行探讨，结合文化产品自身的特性，认为文化产品价格并非由某个因素单独决定，而是由效用、成本、垄断等诸多因素共同作用、综合决定的。在现实交易中，文化产品价格表现为在上下限之间波动，上限就是效益价格，以文化产品使用者获得的最小效益为限；下限就是费用价格，以文化产品生产者获得的最小盈利为限，成本和效用共同决定文化产品的价格区间。

这些研究通过经验分析或者实证分析的方法，发现或者验证了文化因素和产品价格之间存在相关性，使得我们能够直观地或者感性地形成以下认知：文化因素会对产品价格产生影响，而且这种影响可以通过一些特定途径（如消费者偏好）来实现。虽有一些文献提到文化因素的融入，能够使得产品在市场上更具竞争力，使得企业在市场上相对处于支配地位（如不少研究文献中提到通过产品文化的打造，星巴克咖啡的售价得以比其他品牌高出 20% 甚至更多），但整体而言基本没有研究文献涉及"产品的文化定价权"这一重要概念，也没有研究文献深入探讨企业如何去获取产品的文化定价权，更没有研究文献从国家层面探讨产品的文化定价权的战略问题。

可以看出，现有研究对文化因素影响产品定价的途径、机制和过程并未进行深入的分析，没有形成关于"产品的文化定价权"的完整理论体系和框架。为此，本书将针对产品的文化定价权展开讨论，研究文化因素对产品定价的影响机制，将文化因素纳入产品定价的理论和实践路径，探讨产品的文化定价权的形成机理，首次尝试对"产品的文化定价权"进行系统研究。

第二章

引入产品文化
定价的动因

现有的关于产品定价权的研究极少将文化作为要素纳入产品的定价体系，对产品的文化定价权问题也鲜有涉及。但无论是根据历史上人类工业的发展经验，还是着眼于当前全球经济社会发展的新变化、新动向，均可以看出文化在产品定价中起着重要的作用，而且这种重要性随着人们对生活品质要求的提高和对物质文化精神需求的提升而日益凸显，因而市场竞争中已有很多在产品定价体系中引入文化因素的经典案例。无论是从历史和全球的视角，还是从产业、企业和消费者的视角来看，掌握文化定价权对于国家提升全球经济实力、实现产业转型升级，以及企业增强产品竞争力、提高营利水平都有着积极作用。

第一节　历史视角

世界工业的总体趋势是不断发展壮大的，但是由于地区发展不平衡，各国对世界工业发展的贡献大小不一。具体地说，如果比较每个国家的能力和贡献，必有科技创新水平高低之分、工业产业规模大小之分和文化影响力强弱之分。

自 18 世纪人类进入工业文明以来，世界范围内的工业中心多次变动，即由英国扩散至整个欧洲大陆，从欧洲转移到北美，从北美再转向东亚。表面上这是地理位置的更替，实质上是工业创新与发展能力强弱变换的结果，其中无不包含着深厚的文化根由。其中，一些工业制造强国的发展也几经沉浮。在这幅波澜壮阔的人类工业文明历史图景中，文化因素往往发挥着最深层次的作用或扮演着最后决定力量的角色①。

　　西方世界之所以能够率先在近代走上工业化道路，并引领世界 3 个多世纪以来的发展，与其在文艺复兴时期之后形成的尊重科学、尊重创造、鼓励创新的社会文化和风气有着密切的关系。正是自由、平等和创新的文化开启了西方工业文明时代人本精神和科学理性精神的大门，为西方工业文明发展所需要的文化精神提供了基本的思维框架，更为其发展确定了总的文化发展方向。主导性文化因素决定着对传统和既定秩序的遵循程度或创新意识，对外来文化的理解、包容、接受和融合，企业或个人的价值评判标准及由此决定的行动取向，以及文化成本的差异则成为决定区位竞争优势的关键。正如亨廷顿所言："在正在形成的世界中，文化样式将对贸易样式起决定性影响。商人与他们了解和信任的人做生意，国家把主权交给由他们所了解、信任的、看法相同的国家组成的国际组织。经济合作的根源在于文化的共性②。"文化已经成为各国进行商品、人员和服务交流与合作的重要基础，文化间的认同和共识有助于一国产品和服务的对外出口和推广。已有多项研究表明，文化在国际贸易和国际投资中扮演着重要的角色［梅里茨（Melitz，2008）；费尔伯梅尔和托拜尔（Felbermayr &

---

① 张明之. 从朝贡体系到条约通商：近代中国对外贸易形态的变迁 [J]. 南京政治学院学报，2010(3): 14-19.

② 塞缪尔·亨廷顿. 文明的冲突与世界秩序的重建 [M]. 周琪，等译. 北京：新华出版社，1999.

Toubal，2010）；梅里茨和托拜尔（Melitz & Toubal，2014）；施炳展（2016）等］，进而有力地推动一国的工业发展和经济增长。

世界工业强国的制造水平能够领先，关键之处不在于这些国家能制造出结实耐用、造型美观的工业品，而在于其文化中体现出来的专注、严谨和创新的精神。中国学者金碚曾说："以先进制造业为标志的现代工业社会是迄今为止人类历史上经济最发达、国家最强盛的时代。进入工业化进程的国家无不希望成为制造强国，但在被称作工业国的数十个国家中，真正成为制造强国的屈指可数。可见，建成制造强国并不是一个水到渠成就能达到的目标，只有具备特殊条件并经过不同寻常的努力才能实现。"他还指出："决定制造业强盛的基本因素包括资源、科技和文化'三原色'。一个国家能否成为制造强国，其文化特质往往具有决定性影响，即使英国这个曾经的世界第一制造业大国，称雄世界 200 年，但由于文化特质原因，也未能继续保持制造强国地位。"①

案例

英国工业领先地位的丧失

英国是工业革命的发起国，也是近现代工业文化的发源地。英国率先成为世界工业强国不是偶然的，而是有其深刻

---

① 金碚. 建设制造强国需要耐心和意志 [J]. 决策与信息，2015(10): 44-46.

思想文化根基的。但崇尚缺乏工业精神的绅士文化和扭曲的工业价值观，又导致了英国工业的衰退。

因受到 14 ~ 16 世纪文艺复兴运动、16 ~ 17 世纪科学革命、17 ~ 18 世纪启蒙运动和亚当·斯密的《国富论》、19 世纪社会达尔文主义等的影响，英国人的世界观、人生观发生变化，整个社会形成了一种新的文化思潮，具体表现为重视科学技术研究，重视经验和实验成果，重视生产效率提升，这为英国率先开启工业化进程奠定了深厚的思想文化基础。据统计，在 1660 年至 1730 年间，英国拥有 60 多名杰出的科学家，占当时全世界杰出科学家的 36% 以上，他们的重大科学成果占全世界的 40% 以上，英国当之无愧地成为世界科学中心。而且海上贸易的出现和扩大化为先进的市场意识及商贸手段的出现提供了平台，也为纺织机、蒸汽机等创新科技的发明和运用创造了有利条件。

18 世纪上半叶，英国社会逐渐打破了"地主—资本家—劳动者"这样的三层社会秩序，人们只要不懈努力，就可以跃到上一个阶层。这激发了人们的冒险精神和进取精神，也给有志向、有资本、有技术的人提供了证明自己、提升社会地位的机会。敢于冒险的、进取的工业精神由此诞生，首创精神就是其突出代表：飞梭和珍妮纺纱机的发明大大提高了织布纺纱的效率，蒸汽机的发明推动了工业革命的发展，汽船、铁轨、蒸汽机车的发明开启了运输方式的革新。随着英国工业化进程的推进，这种财富欲和冒险精神已经发展成一种努力进取、公平竞争的实业精神。

以蒸汽机广泛应用为标志的第一次工业革命，铸就了英国工业的辉煌，但这种辉煌未能一直保持下去，正如美国历史学家马丁·威纳（Martin Wiener）在《英国文化与工业精神的衰落：1850-1980》一书中所说的，是英国文化导致了英国工业精神的"绅士化"，使英国工商业丧失了进取心和竞争力。"一个真正的英国绅士，一定是热爱乡村野趣的"，这代表了深深扎根于英国文化的乡村情结。当富有进取精神的工商业者把绅士作为偶像来效仿时，他赖以成功的工业精神就逐渐丧失了。在1851年第一届世博会于伦敦举办之后，英国出现了反工业化的文化思潮，许多企业家改变了对所从事事业的认识，只把工商业活动看作一种业余的事，而不是看成一种经济上的机遇。

英国政府也实施了向殖民地国家转移工业产能的战略。表面上，这种做法既能实现英国的碧水蓝天，又可以通过殖民地广阔的销售市场、原料产地和廉价的劳动力为资本家赚取巨额利润，但实际上导致了英国工业不可逆转地被削弱，造成英国本土产业"空心化"，技术、创业人才无用武之地而远走他乡，不仅大幅削弱了工业创新实力，也使英国在应对经济危机时显得力不从心。在世界竞争的格局中，技术创新和质量提升一旦停滞，就意味着被超越和淘汰。从 19 世纪后期到 20 世纪初期，英国科学技术及工业技术逐步丧失其领先地位，全球工业重心开始向德国、美国转移。

第二节　全球视角

文化是跨国经营必须优先考虑的因素。从最早的荷属东印度公司，再到如今的 IBM、索尼（Sony）、微软（Microsoft）、英特尔（Intel）、谷歌（Google）、海尔、华为、阿里巴巴等，跨国公司在过去 300 年的工业化发展和全球化发展过程中扮演着极为重要的角色，他们在全球范围内进行生产资料的配置，推动生产要素的跨境流动，使得工业活动得以突破国境的限制，在世界范围内更大的市场中发展。各个工业强国无一不是跨国公司集中的国家，跨国公司的良性发展是一国工业走向强大的基础和保障。而在跨国经营活动中，如何克服不同国家存在的文化差异进而推广自己的产品和服务，一直是跨国公司需要面对的主要挑战。

（1）文化差异会对跨国经营产生阻碍和负面影响。人类生活所处的自然环境是多姿多彩的，不同的气候、地理环境加上不同的经济和技术发展水平，导致了不同的生产、生活方式，而且在不同国家和地区，不同民族在不同的历史进程中所积淀下来的文化早已融入人们生活之中，从而形成了不同的文化体系[①]。各种文化体系存在着较为显著的差异，包括价值观与道德标准的差异、思维方式与行为方式的差异，以及风俗习惯与宗教信仰的差异等。美国杂志《电子世界》曾以"全球市场成功的最大障碍"为题，对跨国企业进行调研和咨询，结果发现文化差异为首要因素，且其重要性超过法律规制、价格战、汇率、信息、语言等因素。

案例

"迪士尼"跨文化经营的得与失

1. 本土成功的开始——美国迪士尼

美国文化整体上具有多元化、包容性和兼容性的特点，随着时代的发展，又显示出特有的开放性和扩张性。一方面，美国人具有比较开放的思想和生活方式，勇于挑战并乐于接受新事物；另一方面，能够包容不同国家的文化习俗，能够博采众长。迪士尼创始人沃尔特·迪士尼（Walt Disey）是一位土生土长的美国人，他在融合美国文化的基础上创造了米老鼠、唐老鸭等受到美国人乃至全世界人民喜爱的卡通人

---

① 刘英瑞，荣商悦，韩爱芹. 文化差异对跨国营销的影响分析 [J]. 对外经贸实务，2010(4): 49−51.

物，因而美国人能够迅速地接受迪士尼。此外，迪士尼乐园中的设施、服务、语言、娱乐项目、探险、刺激游戏、舞蹈、大型聚会等都成为吸引喜爱冒险和刺激的美国人乃至全世界人民的元素。可以说，迪士尼融合了美国文化，是美国文化的缩影和体现。而美国人对迪士尼的认同感及以上这些具有吸引力的元素则成为迪士尼能够在美国制定出优势价格的重要原因，因而其在美国本土获得了巨大成功。可见，文化是跨国公司取得成功的关键因素，若运用得当，就能在很大程度上促进跨国公司在激烈的竞争中取得定价权，促进经营和发展。

2. 跨国经营的典范——东京迪士尼

迪士尼海外扩张的第一站是日本东京。作为典型的东方国家，日本的文化与美国有着极大的差异，但是迪士尼却受到了日本民众的追捧并取得了优势的定价权，主要有以下几个方面的原因：一是历史渊源，美国曾在二战后帮助日本恢复经济，此举形成了日本对美国文化的认同和崇拜；二是日本民众集体意识强，这种文化特征使得日本迪士尼游客源源不断；三是日本作为迪士尼在亚洲建立的第一个现代化主题乐园，这种异域文化的神秘感吸引着亚洲国家的民众对其的向往，人们不用漂洋过海跨越太平洋，就能够体验迪士尼带来的刺激和冒险。综上所述，迪士尼之所以能够在日本取得成功，主要原因在于日本对其文化的认同感，此认同感为迪士尼在日本的发展减少了阻力，而人们对于新鲜事物的好奇又促进了民众对其的喜爱。

3. 在欧洲遭遇挫折——巴黎迪士尼

虽然迪士尼在日本首战告捷，但是在欧洲却遭受了较大的挫折。1992 年 4 月，依照日本的成功经验，迪士尼继续进行海外扩张，在法国建造了另一个乐园——欧洲迪士尼。从 1992 年开业至 2018 年的 27 年间，其亏损了 20 年，仅 7 年盈利。刚开始营业的前 3 年，由于亏损严重，欧洲迪士尼不得不采取重组债务、更改名字（由"欧洲迪士尼"改为"巴黎迪士尼"）等一系列措施；1995—1999 年连续 5 年实现盈利则主要归因于银行免除了其大笔利息及债务；2018 年为过去 10 年间表现最为突出的 1 年，实现运营利润 1 800 万欧元。总体而言，巴黎迪士尼的表现不尽如人意，在全球迪士尼主题乐园中，其各项排名均处于靠后的位置。

主要原因包括以下几点：其一，法国是一个历史较为悠久的欧洲国家，且较早地完成了工业革命，在欧洲历史上占据重要地位，法国人具有强烈的民族自豪感和优越感，他们对本国文化感到骄傲并且竭力维护和发扬，对比之下，他们认为美国历史短暂，文化商业化和快餐化特征明显，根本无法与源远流长的法国文化相提并论，他们排斥美国文化；其二，美国迪士尼采取和日本相同的标准化建设模式在法国投资，没有充分结合法国的文化实际，因此产生了强烈的文化冲突，引起了法国人对迪士尼的排斥，迪士尼自然而然丧失了在法国的定价权。

同样模式的投资，美国迪士尼在日本和巴黎取得了截然相反的结果，反映出文化是跨国经营必须优先考虑的重要因素，文化差异在给跨国经营提供机会的同时，也会对其产生阻碍，企业应结合不同国家的文化、价值观等灵活地选择投资和营销模式。

（2）文化差异的存在也为企业进行产品的跨文化营销创造了更多机会。多样化偏好是各国消费者普遍存在的一个消费习惯，人们总会对来自国外的、具有异域风情的产品具有天然的好奇心和新鲜感。通过产品的跨文化定价，采取灵活的多元化策略，把文化差异有效地引入产品，提供具有显著文化差异的产品，满足当地消费者的需求偏好，就有可能开发新的市场，从而获取相应的文化定价权。同时，这有助于企业利用文化差异和消费者偏好，制定出具有优势的价格，从而获取相应的文化定价权。当然文化差异也会使得企业对产品进行文化定价的难度和风险增大。不同文化环境下的消费者在语言文字、审美情趣、价值取向、思维方式、道德习惯等方面有很多不同之处，而"走出去"的企业面临的环境更为复杂。如果忽视文化差异，文化定价不准确、不充分，可能会使产品销售更为困难。

传音手机在非洲的成功

在过去 10 年之内，深圳传音控股股份有限公司（以下简称传音公司）一直在深挖全球手机的第二大市场——非洲，其传音手机在业界被称为"非洲之王"。2018 年，传音手机出货量达 1.24 亿部，根据 IDC 的统计数据，其全球市场占有率达 7.04%，排名第四，仅次于三星、苹果、华为；其非洲市场占有率则高达 48.71%，排名第一。传音手机的成功并不是偶然的，事实上它和 OPPO、vivo 在中国的成功类似，就是适应本土文化需求，深耕非洲市场，满足了消费者的诉求。传音手机在非洲市场取得成功的原因主要有以下几点。

一是功能机主导。非洲市场消费者的底子薄、起点低，很多人还挣扎在温饱线上，所以在此情况下，主打语音通话的功能机在非洲更有市场。比如，2017 年传音手机的出货量超过 1.2 亿台，其中约有 9 000 万台功能机和 3 500 万台智能手机。

二是依据非洲市场的特性设计出特色功能。在非洲，晚上大部分地方是没有路灯的，所以传音公司就在手机上加入大功率的手电筒功能，以提升"手电筒"的照明亮度。又由于非洲很多地区并没有充足的电力供应，所以传音公司就在手机上用了超大容量的电池，号称可以待机一个月。此外，非洲人喜欢音乐，喜欢随时随地载歌载舞，传音公司就在保障音色的情况下加大了手机的扬声器功率，并且在手机包装盒中附赠头戴式耳机。传音公司还根据非洲地区的市场需求，推出了双卡双待、三卡三待和四卡四待手机。

三是定制化拍照模式，解决了非洲人用手机拍照的最大痛点——很难把黝黑的面部拍清楚。传音公司的研发团队专门针对非洲人的肤色和面部特征，研发出了通过牙齿和眼睛来定位脸部的技术，并且在此基础上推出了非洲版的美颜和滤镜功能。"爱美之心，人皆有之"，俘获了爱美人士之心的传音手机快速获得了市场的认可。

四是在产品营销方面，自建渠道开拓市场。传音公司花了10年左右的时间，在没有成熟广告市场的非洲地区，建立了品牌宣传体系。传音公司的宣传渠道也非常接地气，如电视广告、刷墙广告、路边广告牌、电线杆上的小广告等。事实证明，这些在别的地区已经落伍的宣传模式，在非洲大陆却是最有效的广告模式。

第三节　产业视角

进入工业时代以来，产业和产品间的竞争成为国家间竞争的核心和关键。随着物质文明的发展，文化附加值逐渐成为产业和产品间竞争力的重要源泉，也成为推动传统产业转型升级的有效动力。有文化赋能的产业和产品不仅能够更好地满足消费者的需求，还能创造出新的需求，从而推动产业的持续发展。在此背景下，通过文化差异来赋予产业及产品一定的差异化特征，逐渐成为产业竞争和发展的有效手段。

1. 产业转型升级

传统制造业主要依赖于土地、资本和劳动力等生产要素的投入，随着人类经济社会的不断发展，人们日益重视发展的质量和效益。同时，当物质文明进入高级阶段，短缺经济成为过去式时，具有较高文化含量的产品会受到消费者更多的青睐，因为这类产品可以满足其自身更高层面的精神需求。这就要求在产品制造的研发、设计、生产、包装、服务等各个环节进行调整以满足消费者的需求，包括对个性化服务的需求。

文化附加值是产品竞争中的关键，文化正成为促进传统制造业转型升级的重要推动力之一，未来制造业的发展趋势是"产业文化化"，即为产业赋予一定的文化品格，将文化创意融入产业之中，创意产业不是单纯的艺术创造，它依附于商业和生活，而且其价值可以提升产品的附加价值。同时，随着国际市场融合程度的不断提升，各国产业间的竞争也在不断加剧，只有通过提升产品内容的丰富度，在产品中融入文化特质，凭借富有特色的产品内容与自身文化内涵，才能更好地助益产业的转型升级，提升产业的竞争力。

2．创造新的消费需求

消费者需求是驱动市场发展的直接动力，在满足消费者的需求以外，如果能够直接创造出消费者的需求，企业一定能够成为领先型的企业，正如苹果推出智能手机，开创并引领了一个巨大的消费市场，其自身也成为该领域的标杆企业。融入文化特征的产品能够给消费者带来不同的价值感受、不同的消费体验和不同的满足感，这种差异化可以创造出新的社会消费需求，从而使企业获得市场先机。

有一个经典的创造需求的营销故事——把木梳卖给和尚。故事说的是某公司创业，为了选拔真正有营销能力的优秀员工，要求 3 位应聘者在一周时间内将 100 把梳子卖给和尚。一周后 3 人汇报各自的销售成果：甲说，他跑了 3 座寺院，受到了无数次他人的臭骂和追打，但仍然不屈不挠，最终感动了一个小和尚，买了一把梳子；乙则去了一座名山古寺，看见山高风大，前来进香的善男信女的头发都被吹乱了，便对住持说蓬头垢面进香是不敬的，应在每座香案前放一把木梳，供善男信女梳头，住持认为有理，于是买下 10 把梳子；丙来到一座香火极旺的深山宝刹，对方丈说，"凡来进香者，多有一颗虔诚之心，宝刹应有回赠，保佑他们平安吉祥，鼓励他们多行善事。我有一批梳子，您的书法超群，可以在其上篆刻'积善梳'三字，然后作为赠品"，方丈听罢大喜，立刻买下 100 把梳子。更令丙振奋的是，"积善梳"一出，一传十，十传百，朝拜者更多，香火更旺，于是方丈再次向企业订货。

在经济全球化的今天，越来越多的企业"走出去"开拓国际市场，在这个过程中，由于不同国家、地区之间存在显著的文化差异，所以融入文化因素的产品往往能够更好地满足不同文化群体的需求，有利于企业开发新的、丰富多彩的市场。随着时间的推移，在交流中本土文化也能够不断地吸收与整合外来文化，通过文化交融形成新的文化，新的文化又能促进新产品的开发，从而创造出新的消费需求。

3．产品差异化竞争

随着社会生产的发展和生产技术的扩散，产品的基础功能部分所具有的排他性已经越来越小，产品之间的竞争也日趋激烈，同质化的产品很难在激烈竞争中脱颖而出，只有差异化的产品才能得到消费者的青睐。产品的差异化正是企业获得竞争优势的主要因素，差异化使得消费者对企业产品或服务价格不敏感，降低了产品或服务的需求价格弹性，使得企业采用歧视性定价策略成为可能，从而实现了利润水平高于同行的平均水平。

产品的差异化可以分为功能差异化、利益差异化和文化差异化。功能差异化就是提供与其他企业不同的产品，包括"他无我有，他有我优"等的不同方面。而利益差异化是指通过促销、降价等方式，将部分利益让渡给消费者，使消费者能够获得额外的经济利益。文化差异化是指产品具有与其他产品所不同的文化内涵和文化价值，往往被看作差异化的最高阶段，是很难被模仿和超越的，并且持续性较强，企业也能更长时间地从中获得利益。这3种差异化策略中，实现功能差异化需要企业不断进行技术研发，改进或改善产品的功能和性能，有时甚至须依赖整个社会技术的进步，产品的功能才能有颠覆性改变。实现利益差异化会使企业的正常盈利减少、成本增加，而且竞争企业可以通过简单的跟随等策略加以模仿和应用，难以保障差异化的效果，它可以作为一时之需，但不能作为长久之计，且不利于企业长期持续地健康成长。相对而言，文化差异化则是通过引入特定的文化因素，赋予了产品相应的文化内涵。由于文化的生成有赖于特定的历史传统、地理条件、社会风俗等，即使是企业自身创造的文化，也与其所处的环境密切相关，并且一般要经历长期的沉淀才能形成，因此，从竞争的角度看，这种差异化相对难以被模仿和超越。另外，从价值的角度看，将丰富的文化内涵引入产品中，可以使产品获得独特的价值，从而能通过文化价值的差异化效应提高产品的附加值和竞争力。因此，依靠"产品文化化"，使产品区别于竞争对手，能有效地提升产品的竞争力。

案例

中西方的酒文化

中国的白酒和西方的红酒均蕴含深厚的酒文化，但两者有很大的差异。

自然文化环境和社会文化环境促成了中西方对酒的不同偏好。红酒是以葡萄为原料所制造的酒，而白酒则是以粮食为原料制造出来的。红酒和白酒的出现及其成为人们生活中不可缺少的一部分是与自然文化环境有关的。中国古人集中居住生活的黄河流域是温带大陆性气候，这种气候适合高粱和小麦等粮食作物的生长。中国古人选择粮食作物作为酿酒原料也是理所当然的。而在西方，在欧洲大陆，特别是地中海沿岸的地中海气候区，气候及地形都非常适合葡萄的大面积种植。时间一长，人们对于酒的选择形成了一种偏好。在中国人的传统观念里，人们偏向于选择以粮食为原料所酿造的白酒作为正式场合的饮品，如中国政府在宴请外宾的时候，中国茅台或五粮液等高端白酒是"主打"。虽然平常聚会时不少人会选择啤酒来调节酒桌气氛，但是在正式场合，人们一般会选择白酒。例如在一对新人庆祝结婚之际，为适应不同人群的需要，宾客的桌上一般会有白酒、啤酒和饮料，而新人敬酒时所用的酒则是白酒。在西方，毋庸置疑，以葡萄为制作原料的红酒深受西方人士的喜爱。不论平常调节气氛、驱寒取暖、朋友小聚或是正式场合的宴请，他们都会不约而同地选择红酒。红酒也成了他们生活里不可或缺的调剂品。自然地理环境加上文化的传承，使得中西方对酒有不同的偏好，使得酒这种产品具有了文化差异性。

　　中国最具有代表性的酒莫过于白酒，从某种角度说，中国的酒文化就是白酒文化。因为在中国的诸多酒种中，白酒历史悠久、工艺成熟，迄今仍是世界上产量最大的蒸馏酒。中国人饮酒重视的是人，要看和谁喝，要的是饮酒的气氛。饮酒礼仪体现了对饮酒人的尊重，主人和客人都有固定的座位，有固定的敬酒顺序。敬酒时要由主人开始敬，主人不敬完，别人是没有资格敬的，如果乱了次序是要受罚的。而敬酒一定是从最尊贵的客人开始敬起，敬酒时酒杯要满，表示的也是对被敬酒人的尊重。所谓醉翁之意不在酒，在乎山水之间也。山水之乐，得之心而寓之酒，人们更多地通过饮酒来追求酒之外的东西。另外，相较于西方，酒在中国人眼里更多的是作为一种交际的工具。而西方人饮酒，重视的是酒，要看喝什么酒，是要充分享受酒的美味。饮用红酒的礼仪，反映出对酒的尊重。品鉴红酒要观其色、闻其香、品其味，调动各种感官享受美酒。在品饮顺序上，讲究先喝白葡萄酒后喝红葡萄酒，先品较淡的酒再品浓郁的酒，先饮年份较短的酒再饮年份较长的酒，按照味觉规律的变化，逐渐深入地享受酒中风味的变化。西方人饮酒的目的往往很简单，为了欣赏酒而饮酒，为了享受美酒而饮酒。当然，在西方，葡萄酒也有交际的功能，但人们更多的是追求如何尽情地享受美酒的滋味。

可见，中国人饮酒更多的是追求精神层面的东西，例如曲水流觞、青梅煮酒论英雄等；或是迎接远方的贵宾，表达友好与敬意，或是在重大节日、重要场合与家人朋友共饮，联络情感。西方人饮酒，更多的是追求酒本身的味道，无关场合：可在家里一人独饮，可在酒吧与三五好友共饮；可在浪漫的氛围里饮，也可在嘈杂的环境里饮。

相对于酒本身的特性差异，酒文化则决定了中西方酒的主要差异，白酒和红酒蕴含的独特文化决定了它们各具不同的文化价值，两者无法互相取代。

第四节　企业视角

通过销售产品来实现盈利是企业发展的底层逻辑，而文化因素的引入有助于增强产品的竞争力，甚至能在一定程度上形成"文化垄断"，企业借此可以获得更为丰厚的利润。同时，文化因素能够提升企业品牌的核心要素，通过文化赋能，给予企业品牌深厚的文化内涵，从而扩大企业的品牌张力，激发消费者对于承载该品牌的产品的消费兴趣。由此也增强了消费者对企业产品的黏性，企业与消费者之间的联结会更加稳固和持久。

1．形成文化垄断优势

产品提供的价值，既包括产品本身的使用价值，也包括产品所蕴含的文化价值，因此成本不再是价格的最终决定因素。在产品同质化日趋严重的今天，消费者购买的不仅仅是产品本身，而是整体的消费利益，价格最主要的决定因素可能就是产品蕴含的文化价值。文化价值对消费者而言是一种心理体验，消费者的认知和感受决定了其价值的大小，即以消费者产品价值的体验为依据，而不仅仅是依据产品的成本来定价。也就是说，产品的使用价值与文化价值的总和决定了产品的价格，由此制定的产品价格，即使远高于成本价，但只要目标消费者能接受，那就是合适的价格。

一个产品如能通过文化因素展示自己的特色和魅力，借助文化的力量推广产品，增强市场竞争能力，就能够形成"文化垄断"，并通过垄断定价来获得丰厚利润。比如美国的"哈根达斯"和"星巴克"等品牌，正是凭借其独特文化和品牌吸引消费者，进而在全球市场实施高定价策略而获得超额利润。再比如中国古代的瓷器，远销欧亚各国，除了经久耐用的品质对于消费者所形成的吸引力，其优雅的造型、精美的图案和莹润的光泽更表现出一种与众不同的中国文化，这种附着于产品上的文化使其具有一种独特且难以模仿的核心竞争力，瓷器出口也成为中国古代政府财政收入的重要来源之一。

在竞争日益激烈的市场环境中，就产品的价格构成而言，文化价值比重的增大将给消费者带来更多的精神享受，文化因素也通过构筑和传递差别价值使产品实现了差异化。掌握了消费者的文化诉求并能够提供蕴含文化因素的相应产品，将使得使企业更具有独特性，并能够重构企业价值链，形成竞争对手难以模仿的"文化垄断优势"，获取定价的话语权，从而在市场竞争中掌握主动权。

2. 品牌塑造

品牌是企业的核心竞争力，而品牌的塑造除了技术之外，文化是不可或缺的因素。品牌对于任何一个产品来说都是一种代表形象的符号，消费者在看到品牌时立刻能够联想到它所对应的产品是什么。

对于消费者而言，品牌的主要作用一般在于方便消费者识别产品的来源、确保产品的质量、降低消费风险等。而当经济社会发展水平不断提高后，消费者对于品牌的要求就不仅限于品牌所代表的质量和功能，而是越来越重视品牌在传递文化气息、反映使用者社会地位和声望等方面所发挥的独特作用。其实在人类社会发展的早期，就已经有了对产品除使用功能以外的其他功能的需求，特别是对产品所反映的文化意义、社会地位等的追求。例如在中国古代，早在夏代，包括鼎和簋在内的一些青铜器被用作烹饪和进食的器具，而到了商周时期，这些原被用作生活器具的青铜器演变为重要的礼器，用于祭祀等重要场合，逐渐形成了"天子九鼎八簋，诸侯七鼎六簋，大夫五鼎四簋"等代表宗法和礼仪的规制传统。此时这些青铜器的使用功能就被大大地弱化了，其更多地扮演起了满足使用者精神需求的角色。只是在古代社会，只有极少数人才有条件去实现这种精神层面的追求，而在现代社会，越来越多的人有了实现这种追求的能力和主观意愿。

因此，缺少文化内涵的品牌不会形成强大的影响力，而融入文化因素的品牌，能使消费者在看到该品牌时，不仅想到其对应的产品，更感受到该品牌所蕴含的文化张力。所以说，融入文化因素的品牌具有文化张力，能发挥出品牌文化渗透的力量。比如德国的汽车品牌奔驰，所代表的高贵、奢华和高品质，使其成为汽车行业知名的高端品牌之一。

总体来说，文化对品牌的影响突出表现在文化内涵成为品牌的核心要素上。一般来说，品牌的要素分为两类，一类是较为表层的要素，包括产品的品质、名称、标识、外形等，这是用感官就可以感知到的；另一类是深层要素，包括文化、情感、价值观、个性等，这是用心去体验才能感受到的。品牌的深层要素，即文化、情感、价值观、个性等，对消费者是最有吸引力的，也是最易打动人的，这些形成了品牌的文化象征意义[1]。一旦企业能够树立起对消费者群体而言具有文化象征意义的品牌，则该品牌会对消费者产生所谓的"光环效应"[2]，即能够有效地激发消费者对该品牌的文化联想，此时消费者一旦看到该品牌就会联想起某种特定的文化元素、文化情景或者文化价值。这

---

① 杨屏. 文化创意对制造业影响的机理研究 [D]. 南京：南京艺术学院，2015.

② 林明华，杨永忠，陈一君. 基于文化资源的创意产品开发机理与路径研究 [J]. 商业研究，2014(9): 145−151.

种联想会激发消费者对承载该品牌的产品极大的消费兴趣，进而推动消费者将兴趣转变为实实在在的消费行为。

佰草集的中西文化融合之路

佰草集是中国化妆品的著名品牌。在开创之初，佰草集就希望创造一个能将中国千年养颜古方的精髓传递给世界的品牌。于是，佰草集的科研人员一边探访草药"圣地"神农架，潜心考察草药资源；一边远赴欧美，学习护肤科技和制作工艺。1998 年，意喻神农尝"百草"，汇"集"中西智慧的"佰草集"品牌应运而生。

2008 年，佰草集进驻法国市场，此后以法国市场为依托，逐步进入欧洲其他国家的市场。通过梳理佰草集国际化发展的历程和经验，可以看出它之所以能够进入国际市场、获得国外消费者的欢迎，正是因为有效地利用了中国文化元素。

一是打造差异化产品。佰草集将博大精深的传统中草药文化浓缩，提炼出独具特色的养护理论，将该理论传递给消费者，使其形成新的养护理念，并在此基础上推出契合消费者需求的产品，与国外其他护肤品牌形成了文化区隔，实现了产品差异化定位。

二是树立品牌形象。佰草集在进军国际市场的过程中，一直以中草药养肤理念作为品牌形象构建的首要指导原则，投入了大量的成本来打造产品的文化内涵和宣传企业的品牌形象。通过文化元素的引入，将企业品牌形象定位于中高端，突出其与其他品牌之间的差异性。

三是特色文化营销。佰草集在促销活动中注入大量的中国文化元素，将文化内涵与营销活动有机地结合起来。不管是佰草集举行的产品发布会还是海外旗舰店的推广，中国独特的文化形象都被利用得淋漓尽致。例如在发布会现场表演太极，推出中草药护肤、汉方SPA体验活动等。在广告创意方面，佰草集运用中国传统的水墨、白描等艺术手法，加上瓷器、莲蓬、莲子、荷花、荷叶、梅花等具有浓郁中国文化气息的元素，通过巧妙的构图、音乐等传播中国文化。同时注重通过与消费者、时尚人士的互动，使其获得良好的文化体验。

由于国外消费者对发展中国家的产品存在一定的成见，佰草集的海外市场拓展之路并不是一帆风顺的。在刚起步时，佰草集并没有加入中国文化元素，走的是完全西化的道路。但是随着中国经济实力与文化软实力的增强，佰草集开始重视国家文化形象对产品的溢价效应，于是重新定位品牌价值，大打中草药文化牌，突出产品蕴含的特色文化，并通过一系列的文化营销形成品牌差异性，充分利用中国文化形象获得产品溢价，从而在众多国外品牌中脱颖而出。佰草集在国际化进程中，从产品开发到品牌形象构建始终把中草药养肤理念作为核心指导，将文化深入到产品价值链的各个环节，塑造了良好的品牌文化，提高了产品的文化附加值，满足了消费者追求健康自然养护的需求，从而让佰草集在国际市场拥有了较强的定价能力——据美国亚马逊购物网站的数据显示，佰草集目前的产品定价，接近于法国知名品牌娇韵诗的同类产品。

3. 建立企业与消费者间的稳定联系

对产品进行文化定价，对于企业来说，就是要利用文化特有的魅力去构建并增强企业与消费者的联结，推出能够更好地满足消费者需求的产品，注重产品文化的传统，从而利用文化的引导作用来全面影响消费者的行为，并努力提升消费者的忠诚度。融入文化元素的产品，在满足消费者物质需求的同时，还能够满足消费者的精神需求，给消费者以文化上的享受，从而使消费者认可产品的文化价值。

案例

"BMW 之悦" 文化活动

宝马公司是全球知名汽车生产厂商之一，旗下有BMW、劳斯莱斯和 MINI 三大主打品牌。在 20 世纪 90 年代中期，宝马公司开始进入中国市场，其高端品牌轿车逐渐受到中国消费者的青睐。宝马公司之所以能够在中国高端汽车市场立于不败之地，不仅是因为其汽车品质优、科技含量高、售后服务好，更在于宝马公司一直打造的汽车文化活动——BMW 之悦。

2009 年，宝马品牌汽车在国内热销的同时，其品牌形象危机也开始浮出水面。一方面，作为运动性能、操控性能突出的高端轿车品牌，宝马已经成为中国消费者眼中"运动"与"奢华"的代名词；另一方面，BMW 这 3 个字母开始被大众调侃成"别摸我"等中文拼音的缩写，与"暴发户"联系在一起，对其品牌形象产生了较严重的负面影响。

为化解这场公关危机，时任宝马公司大中华地区总裁的史登科在中国开启了以"JOY IS BMW"为核心主题的品牌文化宣传活动。"JOY"一直是宝马品牌的核心追求，为了让宝马品牌的核心文化更能够打动中国消费者，史登科决定用汉字"悦"代替英文单词"JOY"，使得"BMW 之悦"活动更为符合中国人的文化习惯。"BMW 之悦"涵盖了驾驶乐趣之悦、成就梦想之悦、责任和分享之悦等多维度的情感。它代表的不仅是高操纵性能和舒适的驾驶体验，更代表着宝马公司推崇的不断创新和积极进取的企业文化。

随着宝马形象重塑工作的进行，宝马公司陆续参与了多个大型社会公益项目，涉及教育扶持、环境保护、文化传播等多方面，并取得了很好的社会反响。为了让宝马汽车品牌与不同类型的客户群体建立更紧密的情感联结，史登科在2009年"BMW之悦"活动的基础上，于2010年推出了"BMW中国文化之旅"活动，其按"寻根路线图"来寻找海洋文化之祖的主题，增强了体验活动的丰富性。

宝马公司正是通过诸如"BMW中国文化之旅"这样的品牌文化活动，逐渐获得中国消费者的文化认同感，大大提升了中国消费者对宝马品牌的忠诚度。根据2011—2017年中国豪华品牌汽车销量统计，宝马品牌汽车在中国豪华汽车市场销量一直稳居第一，市场份额高达24%左右。

第五节　消费者视角

消费者是产品的最终购买者，其消费需求也有着不同的层次。融入文化元素的产品，能够凭借文化的内涵和特质，形成独特的感染力和吸引力，从而满足消费者更高层次的消费需求——精神需求，而且消费者也愿意为之支付更高的价格。同时根据经典条件反射理论，具有文化赋能的产品能够吸引消费者将其特定的文化情感转移到产品、品牌或企业上，能更好地刺激消费者的购买欲望。在这个过程中，消费者从消费行为中获得的价值也得到提升——不仅获得产品所具备的使用价值，也得到精神层面的满足，从而实现了企业和消费者的双赢。

1. 满足更高层次的消费需求

依据马斯洛（Maslow）的需求层次理论可以判断，随着经济社会的发展和人们物质生活水平的提升，人们对产品的质量要求和品位期望也会不断提高，整体需求层次会不断上升，即人们在满足生理和安全的需求之外开始更多地去追求精神层面的满足，也更加注重自我感受、自主表达及自身价值的体现。

人类社会进入 21 世纪，特别是在网络经济蓬勃发展的大背景下，消费升级、产品迭代的速度相较于以往的时代有了显著提升。在机械时代、电气时代，人们更加注重产品的实用功能，而在信息时代，人们则更加注重产品的内容及体验，消费模式也开始从传统的功能型消费向体验型消费转变。随着经济的发展，消费者在注重产品质量的同时，更加注重情感的愉悦性与身心的满足感。因为相对于物质利益，人们越来越重视精神文化利益的获得，更关注产品和服务与自己关系的密切程度，偏好那些能与自我心理需求产生共鸣或者能实现自我价值的感性产品。

融入优秀文化元素的产品，则能凭借文化的内涵和特质，创造出特有的感染力，从而满足消费者更高层面的精神需求，包括消费者的认知需求、美化生活需求、身份认同需求和全面发展需求，等等。而且随着消费需求层次的升级，消费者需求个性化的特征也不断显现，不同的消费者有着差异化的需求，而注入文化创意因素的产品设计能够更好地满足消费者个性化的需求，契合了消费者需求层次升级的需要。

大众传媒尤其是新媒体的普及，也让这种更高层次的消费需求得到了放大。以往的产品广告可能更多的是表达产品有怎样独特的高端功能，主要传达这种功能性的信息，而如今的产品广告更侧重于传达产品背后的内容、理念和价值观，往往在产品还未上市时，各大媒体就已经把产品的功能、样式等转变成故事或理念进行传达。内容和体验消费的背后是人们与产品之间关系的改变，消费者往往会因认同产品背后的理念和故事而去购买产品。

2．刺激消费者的购买行为

消费者的购买行为一般历经产生动机、收集和研究信息、评价和选择、购买决策、购后行为 5 个阶段。文化在这个过程中的作用已成为共识，因为消费者行为不是出于消费者的本能，而是他们习得的，尤其会受到文化因素的巨大影响。文化是人们特有的生活方式，购买者行为在不同的国家也不相同，或更准确地讲，在不同的文化中是不尽相同的 ①。

---

① 范恩·特普斯特拉. 国际市场营销 [M]. 桑秀国，等译. 北京：商务印书馆，1996.

经典条件反射理论是一种非常重要的学习理论，该理论认为借助非条件刺激物带给有机体的反应，通过条件刺激物与非条件刺激物的联系，条件刺激物也能够使有机体产生非条件刺激物带来的反应[①]。根据该理论，通过将产品、品牌或企业与消费者喜欢的特定事物进行关联，能使消费者将其对特定事物的情感转移到企业的产品、品牌，甚至企业本身，最终实现吸引消费者的目的。这也对企业实施产品的文化定价策略带来很多启示：将消费者青睐的某种文化与企业的产品、品牌等联系起来，可以使消费者对特定文化的情感转移到产品、品牌或企业上，推动产品、品牌或企业形象的提升，进而推动产品的销售和企业利润的提升。

由此可见，将文化因素纳入产品之中，是满足消费者日益凸显的文化需要的要求，是实现产品差异化竞争背景下企业塑造独特文化形象的需要，是企业竞争由产品竞争、服务竞争向文化竞争升级的需要，是对经典条件反射理论的一种应用，也是消费者价值理论的一种应用，亦是贯彻现代新营销理念的体现。

3．提升消费者的价值

消费者是上帝，现代企业在销售产品和服务时必须站在消费者的角度考虑问题，并努力提高消费者满意度。消费者只有在感到满意之后，才会不断购买企业的产品，而且愿意溢价购买，并会对企业的产

---

① 纪峰，王建彦. 论企业开展文化营销的必要性 [J]. 现代商贸工业，2017(25):55-56.

品产生忠诚度。那么如何做到让消费者满意呢？消费者具有利己性，价值的获得更容易让消费者满意，这就要求企业的产品能够提供更大的消费者价值。

消费者价值是消费者在购物消费过程中感受到的实际价值，随着消费升级和商品社会的不断发展，消费者价值的内涵也在不断扩展，不仅包括产品能够满足一定的功能和品质需求所带来的产品价值，还包括产品、品牌或企业所塑造的形象带给消费者的价值，即形象价值。而形象价值的一个重要来源就是企业塑造的产品的文化形象，在于特定文化带给消费者的好处。在产品中融入文化元素，可以通过提升形象价值实现总体消费者价值的提升，进而提高消费者满意度并增加消费者的购买行为，因此文化也成为决定产品价值和价格的重要因素。

案例

爱马仕——消费者眼中的贵族

与普通商品相比，奢侈品在满足消费者关于衣、食、住或行的物质需求之外，还能够满足消费者求新求异，以及彰显身份、地位、品位、性格的心理需求。

世界著名奢侈品品牌——爱马仕，是由蒂埃利·爱马仕（Thierry Hemès）于 1837 年在法国创立的，距今已有 180

多年历史，在时间长河的涤荡下，积累了厚重的文化底蕴。让所有的产品至精至美、无可挑剔，是爱马仕的一贯宗旨。爱马仕最大的特点在于纯手工制作，大多数产品都是采用传统手工艺精心制作的，并坚持以"质"取胜。爱马仕交货采取了独特的"等候名单制"，消费者下订单之后，须等候多时才能拿到货品，如定制的丝巾等候期约为18个月，皮包类则为2～5年。爱马仕的售后服务是由生产该产品的工匠负责的，开展一对一的服务，十分谨慎。爱马仕从设计、生产、交货到售后都体现了其独特的品牌文化：一丝不苟，追求细节，不哗众取宠，却独具吸引力。

文化底蕴、知名度、高品质、纯手工制作是爱马仕成功吸引消费者不可或缺的因素，在设计、生产、营销、交货、售后各环节，其卖给消费者的产品、带给消费者的体验、传达给消费者的理念，都基于其产品中融入的特有的文化标记、其宣扬的企业文化及其倡导的价值观。可以说，没有文化做支撑，爱马仕很难将一条丝巾、一条领带、一个皮包以高溢价卖给消费者，也很难在奢侈品领域拥有优势的定价权。

第三章

影响产品定价的文化元素

明确产品的文化定价机制是获取产品文化定价权的基础，而明确定价机制首先需要对影响产品定价的文化元素进行系统界定，并对不同元素进入产品价格体系的方式和渠道进行分析。文化元素对产品的影响是多方面的，而文化元素的来源也是多维且丰富的，会从不同方面作用于产品定价过程。结合已有研究和对文化在产品定价中的角色分析，我们认为包括产品自身文化、企业文化、地域文化和国家文化在内的各种文化元素都会对产品定价形成影响。随着政治、经济及社会环境的变化，以及生产技术、生活方式的改变，这些文化元素本身的内涵也会随之改变。因此凝练并探讨文化元素对产品定价产生影响的渠道和机制将是构建产品文化定价理论的前提。

第一节　产品自身文化元素

产品自身文化元素主要由产品的审美价值、精神价值、社会价值、品牌价值等 4 个方面构成。这些文化元素从不同角度重构了产品，增强了产品的差异性、稀缺性、特色化和消费者忠诚度。与缺乏文化元素的产品相比，具有文化元素的产品在定价上能获得更大的主动权和主导权。文化元素在产品内涵、外观、功能和构造方面的融入，对接了消费者对于产品异质性、品质性、独特性和专有性的偏好，使得消费者对产品的心理预期价格超出了原有的保留价格，从而对产品价格产生影响（一般是正向的影响）。

1．产品的审美价值

产品的审美价值包括产品自身具有的美感、和谐、外形、风格及其他的美学特征。审美包括主体与客体两个方面，只有客体本身的美与主体的感受相适应，主体才会产生美感，产品才会呈现出审美价值。不同审美主体有不同的品位，因此主体的审美品位和产品的美学特征共同形成了产品的审美价值，进而使审美主体转变为消费者。消费者对审美价值的判断影响着产品的审美价值。

产品的审美价值能够对价格产生影响，主要体现在 3 个方面：消费者的审美价值观、企业迎合潜在消费者的审美偏好、消费者的从众心理。

（1）消费者的审美价值观。由于消费者的审美价值观受到来自家庭、社会、宗教、教育等背景的影响，消费者对产品的评估价格往往不等于产品的市场均衡价格。在购买产品时，消费者会依据审美价值观，判断产品的外观、颜色、风格等是否符合自己的审美要求。如果产品的审美价值与消费者的审美价值观相契合，那么消费者会给予产品较高的评价，愿意支付更高的价格，这样产品就实现了文化溢价。

在某种程度上，时尚体现了一个时期社会上多数人的生活追求和审美价值观，如流行服饰就体现了消费者的审美取向。

破洞裤与喇叭裤

在大多数老人眼里，破洞的裤子是穷人穿的，富人穿戴整齐才是正道。但为什么在牛仔裤上弄几个破洞就会变得时髦、变成流行呢？这反映出不同年龄段的人审美价值观的不同。源于19世纪60年代美国的牛仔裤最早叫工装裤，其流行经历了几个阶段。刚开始时，为了劳动需要而做得结实耐用，后来为了穿着舒适休闲而设计得轻巧便捷，再往后则因消费者对时尚的追求而出现了手磨"猫须"、钉珠绣花等工艺。磨破牛仔服的风尚是由嬉皮士发明的，20世纪中期，嬉皮士将自己的牛仔裤磨得破破烂烂，甚至加上补丁和大洞，借此表达对主流的抵制，破洞牛仔裤一出现就引发了年轻人的追捧热潮。20世纪90年代，破洞牛仔裤才开始在我国流行。原本给人潮流、休闲、帅气、随性之感的牛仔裤，因恰到好处的破洞细节而更具视觉冲击力，让他人觉得比较另类或能彰显个性。

喇叭裤，因裤腿的形状和喇叭相似而得名，20世纪80年代初在中国成为一种新潮时尚。那时，不论男女，都为有一条喇叭裤为荣，只要穿上它，走到哪里都会吸引人们的目光。后来随着消费者审美的变化，喇叭裤逐渐淡出人们的视线。30多年过去了，设计师在原有喇叭裤的基础上进行了创新，推出不同款式、面料和颜色的新产品，很快赢得了部分消费者特别是时髦青年的青睐。

（2）企业迎合潜在消费者的审美偏好。当前，几乎所有行业的竞争都在加剧，为了在激烈竞争中能够占领一席之地，企业在产品的审美价值方面必然有所关注。通常情况下，企业会对新产品或改进型产品进行试验，新产品或改进型产品在经过免费派送、试吃、试穿、试用等市场策略环节之后，得到潜在消费者有价值的反馈，从而使企业能够根据消费者偏好对产品再作进一步的调整，调整后产品的审美价值可以满足市场中消费者的需求。同时，企业可以进行市场调研，通过现场或网络调查方式了解消费者对于新产品的支付意愿。在捕捉市场信息的前提下，企业能准确定位消费者的心理价格，利用消费者的审美偏好提高产品的价格，通过对产品分层达到分流消费者群体的目标。消费者在"一分钱一分货"的暗示下，会结合自身的审美价值观作出选择，从而使企业实现产品的文化溢价成为可能。当然，准确定位消费者的策略依赖于真实可靠的市场信息，这需要在市场调研中加大投入。

（3）消费者的从众心理。有时候，消费者喜欢某款产品可能并非出于自身的判断，而是受到周围消费者的影响，因看到他人消费某产品或对产品审美价值的评价而消费该产品。从众心理使消费者不会因为不了解产品或者不知道如何审美而无从选择，消费者将以他人的审美价值观作为自己的审美价值观，从而作出购买决策。如果以个别人（如同事或好友）的审美价值观进行选择，那么形成的是小众消费；如果以社会潮流或时尚作为自己的审美价值观，那么形成的实际上是大众消费。企业难以精确把握小众消费的审美偏好，但是可以把握大众消费的审美偏好。如果企业的产品逆大众偏好而行，那么多半会出现销售困境；如果企业的产品依从大众偏好，那么至少会成为市场中的备选项。

近年来，小众消费也引起了企业的关注，企业可通过消费者的个性化订单来抓住小众需求，满足小众偏好。个性化订单本身就是生产者与消费者沟通的结果，因而据此生产出来的产品往往能满足消费者的审美偏好。由于是个性化生产，企业可以向消费者收取较高的审美价值溢价，从而在产品定价上掌握主动权。

2．产品的精神价值

产品的精神价值指的是产品所蕴含的人类共通的内在品质，精神价值所传递的有益效果包括促进理解、启迪智慧和提供洞见。文化产品的精神价值的形成是一个复杂的思想过程，任何一款文化产品都包含了人类已有的思想精华，也体现了文化生产者的思想创造。而产品的精神价值对产品定价权的影响主要在于产品对于满足人们精神需要的作用。

产品的精神价值能够满足人们的多层次需要。随着经济社会的发展和人们生活水平的提高，人们的需求层次在不断提高。根据马斯洛的需求层次原理，人们在满足某层次的需求后，会出现更高层次的需求。在满足基本物质需求的前提下，消费者开始偏向精神文化的追求。消费者对产品的精神价值的追求，使产品的精神价值对产品的定价权得以产生一定的影响。当产品的精神价值能够满足消费者的精神需求时，产品能因之产生溢价；反之，则难以实现相应的溢价。审美需求反映出一种"显示性偏好"，而精神需求是内在偏好，企业需要通过多种方式加以考察和研究。

3．产品的社会价值

产品的社会价值是指产品可以展现人与人之间的相互联系，有助于人们理解所处社会的本质，有助于形成对其身份和地位的意识。产品的社会价值对产品定价权的影响主要在于人们对产品与其身份和地位之间关系的判断。

消费者在购买产品时，除得到产品所提供的功能性满足以外，越来越注重产品的附加功能，如消费者消费某一产品得到的身份象征、情感认同、社会地位等方面的需求满足，这些产品的附加功能都是产品的社会价值。随着经济社会的发展，消费的产品在一定程度上揭示了消费者的财力状况，产品社会价值借由消费者展示财力的动机而产生溢价。例如，艺术品可以用于维系关系、加深情感，也可以作为身份和地位的象征。在中国的封建社会时期，扇面艺术流行一时，因得到社会认可，扇面艺术便具有了社会价值。古代名士在扇面上书写或者作画，然后将扇面赠予友人，从而使扇面成为大家互赠的礼物和风雅之士的象征；也有贫穷的文人在扇面上作画，进而在市场出售，以维持生计。人们既可以用扇面艺术交流情感、彰显身份，又可以通过扇面艺术获得多于折扇的文化溢价，从而使扇面艺术的社会价值得以体现。这种社会价值的溢价既表现为可计量的部分（多于折扇的溢价），又表现为无形的、难以量化的部分（增进了友谊或者装点了门面）。

亚当·斯密曾经定义过"面子商品"，少了它，富人的不适固不待言，就是穷人也觉脸上无光。扇面艺术品即为那个时代的"面子商品"。在"面子商品"中，最能反映出社会价值的无疑是奢侈品。在国际上，奢侈品被定义为一种超出人们生存发展需要的基本范围，具有独特、稀缺、珍奇等特点的消费品。在经济学领域，奢侈品被称为非生活必需品。消费者对于奢侈品的购买动机可大致归纳为注重自我享受、表达外在个性、彰显尊贵身份等；同时，奢侈品消费也折射出一个人所拥有的财富，因而奢侈品也成为某种权力与地位的象征。例如，香奈儿、路易威登、茅台等品牌对高端群体具有不小的"杀伤力"，他们将消费这些产品视为提升品位、彰显身份的途径，从而使这些产品体现出相应的社会价值。生产奢侈品的企业多以生产高端产品作为市场定位，借助产品设计实现产品分层，因此产生的文化溢价实际上源自产品文化赋能带来的社会价值。如果能通过文化因素的引入提升产品的社会价值，将有利于将文化影响力转化为产品竞争力。

4．产品的品牌价值

产品的品牌价值是产品因为某些属性或者营销活动而形成的价值。品牌价值是一种非独立性的价值，它融合了产品其他价值属性的部分性质。品牌对产品定价权的影响几乎是决定性的，品牌价值可视为人们继续购买该品牌产品的意愿，会使产品获得消费者的信任，进而提高品牌忠诚度，使企业在市场上建立起优势地位。企业依靠过硬的质量、特色设计或经营策略可以形成企业的品牌。品牌价值对产品价格具有重要的影响，可使产品的实际售价高于正常市场竞争条件下的销售价格，产品的品牌溢价主要受以下几方面的影响。

一是企业要坚持自己的文化品牌营销，持续打造产品的品牌价值。企业能依靠独特的品牌营销策略获取一定的市场垄断份额。如奢侈品品牌路易威登坚持做与众不同的产品，并通过自身独特的文化品牌营销方式，提升了消费者对其品牌的忠诚度，掌握了市场定价权，实现了品牌溢价。

二是通过严格的质量管理保障品牌价值。以动画电影制作起家的迪士尼一直保持着对于品牌价值的追求，从上海迪士尼的建设过程可见一斑，比如其直接将触角深入工程专业分包方甚至技术员的程序，由此从源头上保证了未来的工程质量。正是对于品牌的执着造就了迪士尼的"神话"，上海迪士尼开业一年就实现了盈利，其母公司华特·迪士尼公司已经成为横跨娱乐节目制作、电影、主题乐园、玩具、图书、电子游戏和传媒网络的"巨无霸"企业。

三是产品所具有的附加功能。产品的品牌价值除了满足消费者对产品使用功能的需求之外，还涉及产品具有的其他附加功能。这些附加功能包括消费者对品牌的忠诚度、企业信用等。苹果公司的 Mac 电脑、iPad 平板电脑、iPod 媒体播放器、iPhone 智能手机受到不少追赶时尚的年轻人的喜爱，这些来自全球的消费者让苹果公司创造了销售"神话"。与此对照，因突发负面事件，企业品牌也可能一夜之间轰然倒下。

5．号准文化元素的"经脉"，应对同质化竞争

产品自身的文化元素在特定的时期和市场环境中也会发生一些变化和调整，从而对产品定价产生直接的影响。目前，随着社会经济的发展，产品同质化现象日益严重，在这种情况下通过打磨产品自身的文化元素来调整产品定价是企业获取竞争优势的重要手段。产品的文化元素越是与众不同就越能够减弱产品之间的替代性，增强消费者对产品的需求偏好，降低消费者对价格的敏感度，从而影响企业的定价权，有助于企业构筑市场进入壁垒，提高收益。

案例

联想的奥运火炬典藏版笔记本电脑

为了响应中国 2008 年奥运会，联想官方发布了一款含有奥运会火炬元素的典藏版笔记本电脑。这款笔记本电脑整个

机身小巧轻薄，外壳是"中国红"，表面采用仿漆盒工艺，绘有祥云与火炬图案，巧妙地将中国传统文化与奥运精神结合在一起，在提升产品的审美价值的基础上，赋予了产品象征价值、珍稀价值，强化了产品的精神价值和社会价值，一经推出就赢得了消费者的推崇。此外，联想官方还推出了以小熊维尼、雪山、可口可乐等为创意来源的多款具有独特文化元素主题的限量版笔记本产品。

图 3-1 所绘的是 2008 年联想天逸系列部分机型与 3 种富有独特文化元素机型的价格折线图。其中，天逸系列的报价范围是 4 799 ~ 7 300 元；小熊维尼机型的报价是富有独特文化元素的三者中最低的，为 8 600 元；可口可乐机型报价 13 300 元；奥运火炬机型报价高达 20 080 元。由此可见，除去机型本身的差异，产品自身文化元素的变化依旧能够大幅度改变产品的定价。

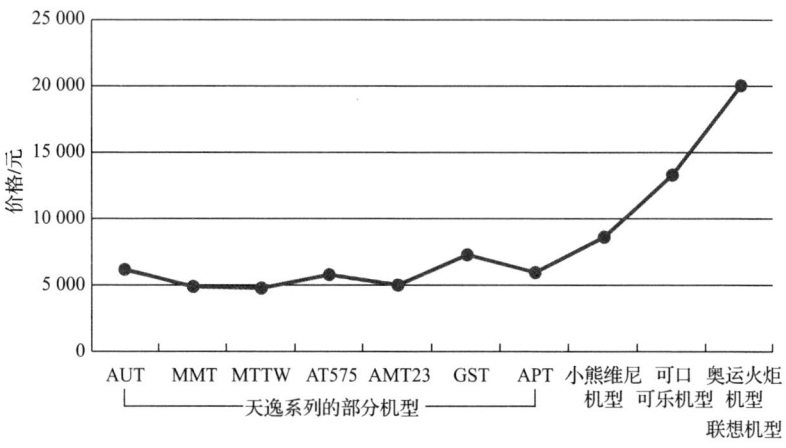

图 3-1　联想各种机型于 2008 年的价格折线图

　产品的文化定价权

除联想外，法拉利 599GTB "青花瓷" 限量版、周大生 "真心真意" 系列等都是通过产品自身文化元素的变化改变产品定价的代表。

第二节　企业文化元素

企业文化元素对产品定价的影响主要体现在生产者将处于生产环节的文化元素恰当地注入产品的生产过程中，最终实现产品增值的效果。企业文化元素具体分为企业文化、企业形象及名人效应 3 个方面。这些文化元素的内容是动态发展的，并相应地对产品定价产生影响。

1．企业文化

企业文化是在一定的条件下，企业生产经营和管理活动中所创造的具有该企业特色的精神财富、规章制度和物质形态。它包括文化观念、价值观念、企业精神、道德规范、行为准则、历史传统、企业制度、文化环境、企业产品等。美国哈佛大学教授特雷斯·E. 迪尔（Terrence E. Deal）和麦肯锡管理咨询公司的专家阿伦·A. 肯尼迪（Allan A. Kennedy）于 1981 年 7 月出版了《企业文化——现代企业的精神支柱》一书，该书是企业文化理论诞生的标志性著作，强调价值观是企业文化的核心，指出企业环境、价值观、英雄人物、文化仪式、文化网络等 5 个因素在企业文化的构成中具有不同的作用。

企业文化是企业的灵魂，是推动企业发展的不竭动力。它包含非常丰富的内容，其核心是企业的精神和价值观。这里的价值观不是泛指企业管理中的各种文化现象，而是企业或企业的员工在从事经营活动中所秉持的价值观念。

企业文化是通过企业内部各项规章制度的严格执行而逐渐演化形成的，规章制度会约束或者鼓励企业员工的不同行为，促使整个员工群体产生行为自觉，这种群体性的行为自觉最终就会演化成企业文化。企业文化由以下 3 层构成。

（1）表面层的物质文化，称为"硬文化"，包括厂容、厂貌、机械设备、产品造型、产品外观、产品质量等。

（2）中间层的制度文化，包括领导体制、组织架构、人际关系及各项规章制度和纪律等。

（3）核心层的精神文化，称为"软文化"，包括企业的价值观、群体意识、职工素质和优良传统等，是企业文化的核心，也被称为企业精神。

企业文化的内涵十分广泛，不同性质的企业文化元素会通过不同机制对产品定价产生影响，下面主要围绕企业家精神、团队精神和工匠精神进行剖析。

企业家精神包括创新与整合能力、认知能力、资源协调能力 3 种能力。企业在生产环节运用这些能力时，会通过不同机制实现产品溢价。第一，创新与整合能力是指在信息不完全的市场中，企业家通过创新性思维独辟蹊径，整合资源，创造出异质性产品，其异质性往往会成为产品溢价的基础。苹果公司的成功与史蒂夫·乔布斯（Steve Jobs）的企业家精神有着不可分割的关系。乔布斯认为，创造新的用户体验是开拓新市场的关键，所以他 1996 年回归苹果公司后打造的第一款产品就是半透明、多彩的 iMac，一改原有市场上电脑的方盒子、黑白色外观，3 年内销售量就达到了 500 万台，正是这种时尚创新使 iMac 能以高价格抢占市场。第二，认知能力是指在错综复杂的市场中，企业家具有优于他人的洞察力，能够准确把握稍纵即逝的商机，从而因为抢先进入市场而获得产品议价上的主动权，为产品溢价提供必要的条件。第三，资源协调能力是指将资源从生产效率低的行业调入生产效率高的行业。在不断追求高生产效率的过程中，企业可以获得产品的成本优势与质量优势，最终为实现产品溢价提供条件。

团队精神主要表现为企业员工之间合作生产和营销的默契度，有助于在一定时间内实现提高产品供给效率与产品质量，有助于在市场上与下游企业谈判议价时保持主动性，从而实现产品溢价。作为世界知名通信企业，华为的团队精神可以概括为"家一般的团队"，通过企业这个转换器，每位华为员工在发挥自身能力的同时最大化了团队的战斗力。华为企业内部提倡一种"铁三角"的团队关系，即员工和同伴构成一个"铁三角"，这个铁三角就是团队的基本单位，每个人的绩效与小团队挂钩，小团队的绩效与大团队的绩效挂钩，以此为手段磨炼团队精神，产生"1+1＞2"的效果，实现团队的"精神溢价"。

工匠精神主要指在每一个细微的工序和环节中，生产者都能以消费者至上的态度注重细微环节，对产品精雕细琢，保持着精益求精、追求完美的信念；或者说，是指生产者不惜花费时间和代价，严谨苛刻地追求产品质量和信誉的行为。在智能化时代，工匠劳动不再是主流的劳动形态，并且依然显现出被机器生产排挤至社会生产边缘的趋势，工匠精神也因此被忽视。但是工匠精神在手工业时代发挥的重要作用是有目共睹的。正是由于机器时代工匠精神的稀缺性，工匠精神反而能在产品溢价方面显现出巨大的优势。在生产过程中倡导工匠精神，可以让员工全身心投入生产，从而使得产品以质量优势获得更高的溢价。德国制造业的诸多产品能以高价畅销全世界，与其不断追求工匠精神密不可分。正是因为这种工匠精神融入了生产的各个方面，德国才有了保时捷、奔驰、宝马、西门子等众多高端品牌。同样，日本制造闻名于世，其工匠精神也功不可没。

案例

融入日本制造业的"匠人精神"

日本是一个四面环海、多山且面积不大的狭长岛国，耕地面积只约占全国总面积的 15%，矿产资源贫乏，还经常受到地震、台风、海啸等自然灾害的威胁，这种特定的自然与人文环境促成了日本人执着、务实、注重团队和精益求精的文化，并在诸多传统行业中形成了"匠人精神"。自明治维新以来，日本将精工细作的传统文化精神融入产品的设计和生产中，使得日本制造在质量、可信度及创新性等方面赢得了全球消费者的信任。

日本企业中有相当一部分是家族企业，而且很多家族企业的经营历史颇为久远。对于称得上百年家族企业的日本企业，其数量并没有统一的定论，"如果按照广义口径推算，包括个体商店、个体餐馆、家族旅馆和微小企业在内，可能超过 10 万家；若按照只计算具有一定规模企业的狭义口径推算，大约有 2 万多家。这些企业 90% 以上为中小企业，多由家族经营"（张季风，2019）。百年企业如此之多，在全球范围都较为罕见，数量远超同样为工业强国的美国和德国。日本中小制造企业的创始人大多拥有自己独特的技术或技能，他们始终如一地在某一领域潜心钻研、精益求精，在核心技术的某个环节不断积累并实现了技术和应用的突破，始终走在世界最前沿。这些中小企业大多以家族传承的方式持续经营，他们的经营状态就像是古代的工匠世家，以技术为傲，代代传承，代代积累完善，形成了独特的匠人文化。这种持续经营的中小企业不断积累和完善产业制造经验，造就了日本制造业的高端品质。在这里，能工巧匠是企业技术进步的一股重要力量，而匠人文化是企业的核心竞争力。

一是研发设计方面，日本人敏锐地把握时代发展的需要，对于产品设计，不仅重视科学性和功能性，也注重体验性和审美性等因素，从而设计出符合时代潮流的人性化产品。许多畅销的日本产品，大都是这种精神的物化反映。以索尼的"Walk Man""Disk Man"随身听等为代表的具有"短小轻薄"特点的日本电子产品在 20 世纪八九十年代曾畅销全球。以花王（KAO）、资生堂（Shiseido）等为代表的日化品牌，则在吸收西方先进经验的同时，更加注重结合东方人的体质特征进行设计与生产，其产品在世界范围内都有着良好的销售表现。

二是生产制造方面，以"精细"著称的丰田式生产管理，将及时化（JIT）、自动化、看板方式、标准作业、精益化等生产管理的各种理念应用到汽车生产中，使丰田公司最终成为能够与美国传统汽车企业比肩的世界级企业。占据全球数码相机领域优势地位的佳能公司，更是通过建立"名匠认定制度"来保持和发扬日本制造中精益求精的态度与精神。为了让技术、技能方面的积淀能够在公司得到传承和发展，佳能公司引入了对熟练工的"名匠认定制度"，向那些拥有长时间锻炼出来的良好手感和丰富经验的高级熟练工人授予"名匠"称号，给予更高的待遇和更好的工作环境，并建立名匠工作室，通过师徒手把手传授的形式对年轻技术工人进行培训，以更好地积累和传承生产技术。

三是销售服务方面，日本企业更是将细致、周到等传统文化发挥得淋漓尽致，如丰田汽车专卖店均按照丰田公司的统一标准设计服务流程，要求其员工提供极致的服务。众多消费者在日本旅游、购物时，都可以体会到当地贴心、细致的服务，而且这种服务不仅仅是来自对利润的追求，还来自日本文化中敬业、责任等传统精神文化。

2. 企业形象

企业形象或者声誉是企业在生产经营活动中各种行为的综合结果，它表征了企业向上下游关联企业、消费者乃至整个社会提供有价值的产品和服务的能力。生产者形象的提升能够为其产品价格的提升创造条件，使企业在产品定价上具有更大的灵活性和自由度。

具体来看，通过企业形象产生产品溢价的机制主要有 3 种。

第一，从上游企业角度来看，良好的企业形象可以取得原材料供应商的信任，从而减少成本，获得更高的边际利润。

第二，对下游企业来说，好的企业形象可以吸引销售企业和消费者，进而在产品议价方面处于有利地位。LV 是酩悦·轩尼诗－路易·威登集团（Louis Vuitton Moët Hennessy，英文简称 LVMH）旗下最大的品牌，在 LVMH 的销售额及利润中，LV 占据着半壁江山。一直以来，这个品牌都是国际奢侈品的引领者，这与它拥有高质量的生产声誉是分不开的。据说在 1911 年泰坦尼克号海难中，船上一件 LV 硬型皮箱从海底打捞上岸，该皮箱经历了 70 多年海水的浸泡，仍保持着原有风貌，甚至皮箱内部都没有渗进海水，于是有人戏称 LV 皮箱比那艘号称"永不沉没"的邮轮更靠得住。

第三，良好的企业形象可以为企业吸引更多的忠诚员工和合作企业，从而促进产品质量的整体提升，为产品溢价提供基础。20 世纪 80 年代末，富士康在深圳地区投资建厂，借助中国改革开放的春风迅速成长为全球"超级代工厂"。富士康因高工资吸引许多农村闲置劳动力进厂打工，员工工资与加工件数紧密挂钩，加成相对较高，这大大地激发了员工的积极性，因而员工的工作效率与产品质量不断提升，使得苹果、三星、索尼等跨国企业都找它合作代工。但近几年，美国对中国高科技企业进行打压，迫使富士康中断了与华为、小米等企业的合作，并将部分产能转移至其他国家。出于产业安全的考虑，许多中国高科技企业开始选择本土企业代工，此时比亚迪异军突起，成为中国的"超级代工厂"。

3．名人效应

在信息市场逐渐完善的情况下，产品的同质性也越来越严重，一些企业为了突出产品的异质性特征，在生产中利用名人效应，扩大产品与企业的社会影响，提高下游销售商与消费者对产品的信任度，进而提高产品的价格。

名人效应主要转化为品牌效应，提升品牌价值，从而实现产品溢价。企业利用名人效应获得产品溢价的情况在体育用品领域较为普遍。例如，Air Jordan（AJ）就是耐克专门为篮球明星"飞人"迈克尔·乔丹（Michael Jordan）设计的品牌，商标体现的就是乔丹投篮的形象，其每件商品一制造出来，名义上就附带有乔丹的独特魅力，这是其他品牌无法比拟的。从消费末端看，AJ 系列篮球鞋的价格确实高于市场上的平均水平，表 3-1 所示为 2018 年 AJ 系列篮球鞋的价格区间表。从表中可以看出，耐克官网共有 29 个 AJ 系列篮球鞋的样本，其中有 16 个样本为 1 000 ～ 1 500 元，占总样本数的 55%；799 ～ 1 000 元（不含）和高于 1 500 元的样本量几乎相同；没有价格低于 799 元的篮球鞋。可见，企业利用名人效应确实有立竿见影的效果。

表 3-1　AJ 系列篮球鞋（男）价格区间样本量

价格 / 元	样本个数 / 个	所占百分比 /%
低于 799	0	0
799 ～ 1 000（不含）	7	24
1 000 ～ 1 500	16	55
高于 1 500	6	21

注：数据由作者对耐克官网 2018 年 AJ 系列篮球鞋（男）的样本整理所得。

从国内运动品牌来看，李宁品牌也是企业利用名人效应获得产品溢价的代表。李宁作为中国曾经的体操运动员，创造了世界体操史上的"神话"——先后获得了 14 次世界冠军，是一个时代的体育代表人物。所以李宁品牌的产品一经推出，就自带李宁的光环，潜在的下游客户会因李宁而对李宁品牌产生认同感与信任感，这也是其与下游企业谈判时的异质资本。李宁品牌在最近 10 年的经营中，经历过明显的文化定位偏差导致的销量下滑、文化定位调整后带来的市场活力重现，成为因文化元素变化影响产品销售的典型案例。2021 年 4 月，受"新疆棉"事件影响，国潮品牌受到热捧，几款李宁球鞋在"得物"平台上被炒到了几千甚至几万元。

此外，企业利用名人效应实现产品溢价的情况还常常发生在文化产品领域中，文化产品的保守性导致了其在起步阶段会发展得比较艰难，若在生产中有效地引入名人效应往往能实现文化产品的大幅溢价。

4．秉承企业传承，保持企业文化内涵的持续性

企业文化、企业形象及名人效应是相互联系、贯穿的企业无形资产，能够直接或间接地影响产品定价。企业文化中物质文化、制度文化与精神文化的改变能够影响产品定价，同样，良好的企业声誉和名人效应有助于扩大品牌的市场影响力，提高产品定价。企业文化元素的内容需要有延续性，当产品的文化内涵突然改变时，消费者可能不予认同，甚至是抵制。

改变可口可乐原有的口味

可口可乐公司作为一个百年老牌企业，在不断变幻的市场竞争中始终屹立不倒，这都要归功于公司紧跟时代脚步，稳中有变的企业文化元素。可口可乐公司生产的是饮料，而消费者购买的是"企业文化"。二战期间，可口可乐公司打出爱国主义的"感情牌"，秉持政府与企业合作的理念，积极呼吁社会正能量，号召民众遵守道德标准和人性底线，努力担负起一个企业的社会责任。因此，可口可乐在战乱年代仍能稳步前进，在保持市场售价不变的同时，赢得了饮料市场的领先地位。20世纪80年代，为了与百事可乐竞争，可口可乐公司实行"堪萨斯计划"，放弃了企业一直坚持的企业情感文化，改变了可乐原有的口味，使新可乐更甜，气泡更少，口感更柔和。但是新可乐的推出受到了成千上万消费者的投诉，有人甚至创立了支持老可乐协会，消费者认为新可乐抹杀了老可乐中所包含的"美国记忆"与"文化"，可口可乐公司迫于社会舆论，最终决定重新生产老可乐。可见，文化元素的变化对企业的发展是至关重要的。

日本制造的成功得益于其传统文化和现代工业的良性结合，但并不是传统文化中的所有因素都会在现代工业生产中发挥积极的作用，有些方面的文化传统可能并不能促进现代工业的发展，反而可能会产生阻碍作用。比如，日本文化中更多强调的是对现有技艺的不断完善，而对于新技术、新方法的渴求并不是那么强烈，日本文化传统和价值观念强调遵守规定、服从上级和前辈，这同样也成为制约创新的重要因素，由此导致了日本企业文化中创新性基因相对缺失，这也是最近 20 年以来日本制造业竞争力下降的主要原因之一。日本技术专家大河内正敏在 20 世纪 30 年代断言，日本的研究人员是有能力、有独创性的发明家，但日本的弱点是不能将新的想法商业化，许多企业并未计划经历漫长的开发过程，私人企业几乎都不愿意冒险从事基本的技术创新，而是把精力和资金用于对进口技术进行改造或者对老工艺进行更新。与此形成鲜明对比的是，美国企业会把大部分的研发经费用于新产品的研究开发和老产品改进，而用于改进工艺技术的研发费用只占到总研发费用的约三分之一 ①，由此使得美国企业在长达百年的历史中始终有着较为强劲的创新能力，保持着较强的竞争优势。由于缺乏持续的原发性的创新，日本已开始在诸如无线通信、多媒体、软件、微处理器、网络等新兴增长领域落后于美国 ②。最为典型的是在磁带和唱片领域，曾经辉煌的索尼集团，由于未能及时转型调整，在数字化时代来临后，从高峰跌入了低谷。

---

① 迈克尔·德托佐斯，等. 美国制造——如何从渐次衰落到重振雄风 [M]. 惠永正，等译. 北京：科学技术文献出版社，1998.

② 迈克尔·波特，竹内广高，原鞠子等. 日本还有竞争力吗？ [M]. 陈小悦，等译. 北京：中信出版社，2002.

同时不能忽视的是，如果文化中的一些负面因素得不到有效的遏制，传递到产品层面，则会对产品质量、用户体验等产生不利的影响。比如日本民族普遍具有的"耻感文化"，这会促使他们严于律己、勇于承担责任，但当这种文化为狭隘的集团利益所限制时，就造成了日本企业诸多的"造假"事件：产品质量出现了问题，不是想着如何去及时解决和处理，而是担心暴露后会对企业声誉造成影响，由此竭力掩饰和隐藏。这种逃避责任和隐瞒的做法短期内可能不会对企业造成影响，但从长远来看，会对企业声誉和相应的产品品牌等造成无法弥补的损失。

案例

日本神户制钢所造假事件

神户制钢所是日本第三大钢铁联合公司，创立于 1905 年，仅次于新日铁住金、JFE 钢铁株式会社。作为世界 500 强企业之一，神户制钢所在日本享有盛誉，它涉及的产业包括焊接材料，铝、铜、钛制品，电子信息业，房地产，贸易等，客户包括全球众多汽车、火车、飞机等产品制造商。其中，全世界 50% 的"汽车阀门弹簧用线材"（主要是气门弹簧），日本市场 50% 的汽车铝板、高强度钢板及汽车悬架，都是由这家公司提供原材料。

2017 年 10 月 8 日，神户制钢所突然爆出造假丑闻，其旗下位于栃木、三重、山口 3 县的 3 家铝工厂和位于神奈川县的铜制品子公司长期篡改部分铝、铜制品出厂数据，冒充达标产品流向市场。其中，2016 年 9 月至 2017 年 8 月期间，违反合同篡改强度和尺寸等质量数据，涉及铝制零部件 1.93 万吨、铜制品 2 200 吨、铝锻件 1.94 万件，这些约占铝和铜业务年销售额的 4%。其后，东日本旅客铁道公司也发现新干线列车使用的部分神户制钢所生产的零部件不符合日本工业标准调查会制定的行业标准。据日本媒体报道，造假铝制品波及的客户约 200 家，以汽车厂商为主，包括丰田、本田、马自达、三菱、日产、铃木等，更令日本担心的是问题产品已流入国防领域。经调查发现，神户制钢所造假案是一起长期的、集体性的行为，包括管理人员在内的数十人参与其中。神户制钢所副社长梅原尚人承认部分产品从 10 年前开始就一直沿用篡改后的数据，篡改数据也并非个别人所为，而是获得管理层默许，是公司整体性的问题。

神户制钢所造假事件影响巨大，日本媒体形容其为"动摇日本制造"的"神户冲击"。超百年历史的企业涉及造假，不仅使其品牌和经济利益受到巨大损失，而且让"日本制造"这一国家形象蒙上阴影。

神户制钢所造假事件背后折射出的是全球性钢铁产能过

剩、市场竞争压力不断加剧的背景下，企业责任心缺失和政府监管存在漏洞等一系列问题。质量是企业的生命，虽然可以通过数据造假一时赢得市场，但是一经曝光，必将信誉严重受损，客户大量流失甚至面临近乎毁灭性的打击。在互联网时代，此类信息会迅速传播并放大，由此可能会降低消费者对"高品质产品"的信任感，导致企业丧失本已获得的产品的文化定价权。

神户制钢所在经历造假风波后，更换了社长，加强了企业管理和产品质量监督。近几年，虽然日本主要行业需求下降，影响了钢铁产业的发展，但是神户制钢所在日本钢铁行业的排名仍然保持第三，位列日本制铁、JFE 钢铁株式会社之后。

第三节　地域文化元素

一个国家的不同地区由于历史、地理、民族和社会等多方面因素，会形成差异化和特色化的地域文化，这些地域文化相应地会使该地区的产品产生文化溢价。特别是幅员辽阔、历史悠久的国家，境内一般存在着具有地域特色的文化，这些文化也会对产品定价产生影响。

自然地理气候及当地习俗、生活习惯和生活方式，这些都是形成地域文化的重要因素。地域文化是人们为了适应不同地区的地理和自然条件，逐渐演化并生成的不同的生活方式和理念。同时，地域文化也是在动态发展的，它会随着时间的推移和历史的演变而不断变化，不断吸收有益的外来文化中的精华，并加入自身的理解和选择，逐渐形成并丰富了历史和文化背景。地域性包括地理、历史、社会、文化等因素，这些因素构建出地域性的独特风貌。其中，地理因素包括当地的地域环境、自然条件、季节气候；历史因素则指历史遗风、先辈祖训及生活方式；社会因素指政治、经济、思想意识、宗教信仰和生活方式等；文化因素指民俗礼仪、本土文化、风土人情等。

地域文化汇集了过去人们的人文精神，是一种文化继承，它的形成不仅是一个历史过程，还带有很强的地域性和较强的稳定性，其存在的价值观念得到了社会的高度认同。产品的生产都是在某些特定地域进行的，不可避免地受到地域文化的影响和浸润。巧妙融入地域文化的产品，通过传达地域文化的神韵，能够让产品的使用者感受到地域文化的魅力，还可以让其对地域文化产生感情，进而对产品本身产生较高的认同感，使用者对产品的价值评定也会相应提高，从而为产品实现文化溢价提供了基础和条件。一般而言，地域文化会对产品的设计、包装和品牌等要素产生显著的影响。

1．产品设计

产品设计存在地域性特征，地域文化对产品的形态设计、功能设计、人机设计等方面存在很大影响。产品地域性设计是指与某一地域的自然条件、人文条件和技术条件有特定逻辑关系的产品设计。因此，在设计产品时，应该将地区经济、人口状况、历史文化、环境生态等要素全方位综合起来考虑，这些地域性要素会对产品设计风格的发展和演化产生显著影响[①]。

（1）从地域性角度对产品功能进行设计。

功能相近的同类产品在不同地区生产，设计方面一般会受到地域性特征的影响。产品的功能应该根据消费区域的独特需求进行适当设计。例如在住宅设计方面，由于我国北方的太阳高度角比较低，每天有效日照的时间比较短，所以北方的建筑间距需要设计得更大些，同时房屋朝向也是以南向和东南向为主。而我国南方，由于太阳高度角比较大，太阳照射范围更广，房屋朝向问题不像北方那么重要，但南方夏季普遍炎热，因而需要更多地考虑通风问题。

（2）从地域性角度对产品性能进行设计。

不同地域有着不同的海拔、地形地貌和气候等自然条件，人类需要有不同性能的产品来应对这些差异化明显的自然地理条件，从而确保自身的生存和发展。为确保产品在不同地域都能够正常发挥特定效

---

① 耿葵花. 产品地域性设计研究 [J]. 包装工程，2010(10): 10-12.

能，产品在设计时就要主动考虑所使用地域的自然条件和生态环境特征等因素。

案例

哈大高铁

2012 年 12 月 1 日开通运营的哈大高铁，是世界上第一条投入运营的、穿越高寒地区的高速铁路。哈大高铁是中国目前在最北端的严寒地区设计建设标准最高的一条高速铁路，也是世界上第一条穿越高寒季节性冻土地区的高铁，动车组于其上能在零下 40 摄氏度的极限条件下正常运行。这条铁路北起黑龙江省哈尔滨市，南抵辽宁省大连市，线路纵贯东北三省。

作为一条通行于高寒地区的高速铁路，哈大高铁无论从设计、施工还是运营维护等方面都具有非常先进的技术特点。哈大高铁选用了中国北车制造的 CRH380B 型高寒动车组，该动车组具有抗风、沙、雨、雪、雾等恶劣天气的能力。

第一，为了能在零下 40 摄氏度至零上 40 摄氏度的环境中运行，也为了阻拦风雪侵入车下设备舱，造成车辆故障，CRH380B 型高寒动车组用特殊材料设计了具备自然通风功能的封闭型防雪设备舱，即使车外暴雪肆虐，车内也能一直保持着人体最适宜的 22 摄氏度。

第二，列车从冰冻环境瞬时进入湿热环境的时候，暖湿气流与低温车体相遇，车体设备以及管路之间会产生冷凝水，可能导致电气元件发生短路或损坏。为了解决这个问题，CRH380B 型高寒动车组在车体、设备舱、管理系统上采用多项冷凝水防护和处理技术，使得冷凝水能及时排掉，成功地跳出了"冷凝水陷阱"。

第三，CRH380B 型高寒动车组还设计有门廊加热系统、司机室挡风玻璃加热系统、净污水管路伴热系统，在卫生间里增加了收集洗手盆排水的灰水箱，灰水最终收集到车下污物箱中，避免直接排到车外。每一辆 CRH380B 型高寒动车组整车完工后，都会在中国铁路总公司的齐齐哈尔低温试验站进行各项性能试验。

第四，对轨道采取了一系列特殊的设计。在一般的地区，道岔是不需要考虑在冬季是否能自如切换的。但东北下雪以后，尤其是雪变成冰之后，如果道岔与轨道的密切性（即道岔与轨道间紧密连接的程度）不够，就会对列车的运行产生重大的影响。所以就要考虑对道岔进行除雪和融雪的升级，要在第一时间让道岔自动加热。达到一定温度之后，让轨道和道岔区不会积雪，从而保证道岔在冬季实现顺利的转换。

（3）从地域性角度对产品造型进行设计。

除了功能和性能这些内在特质之外，产品的外在特质如造型同样具有显著的地域性特征，不同地域的历史文化、自然地理和生态环境形成了当地居民独有的生活习惯、思维方式、价值准则和精神面貌，进而塑造出独有的审美观念和地域文化。这些审美和文化会自然渗透到本地产品的设计与生产过程中，使得产品的外形呈现异于其他地区的风格，从而形成了地域特色。

例如，新疆地区作为东西方文化交流融合和碰撞的地区，其文化与其他区域有很大的区别，相应的产品形态也有着非常显著的地域特色，如著名的阿拉伯式花样以一个纹样为单位、反复连续使用，少数民族牧民的刀具、乐器上多以这种特点的图案作为装饰，尤其是刀具的刀柄上装饰的精美纹样，不仅可以作为装饰，还能起到防滑的作用，兼顾审美性和实用性。

总之，要将地域的文化元素解析、归纳、凝练并转换成可以设计的元素，通过产品赋予新的文化生命力。将地域文化元素融入产品设计并不是简单的复古或者仿古，而是将地域文化元素和现代设计理念、产品的功能等因素相结合，创造出具有地域文化特征且实用的产品。

2．产品包装

包装是伴随着商品交换而出现和发展的，是为了商品在流通中更好地存储、运输和销售而做的技术和艺术上的准备工作。现代包装已经不是简单的包裹，也不仅仅强调生态、环保、审美及功能性，代表的是一种引导消费的手段，一种生活方式，一种文化价值取向。

包装的地域性是指在设计上吸收本地域的、民族的、民俗上的风格以及地域历史所遗留的种种文化痕迹。"区域"某种程度上比"国籍"更窄或具有特异性，有很强的辨识度。区域的形成离不开的 3 个主要因素：一是当地的地理位置、自然条件、气候状况；二是历史遗留下来的世代相传的生活方式；三是当地文化、风土人情。上述因素影响了一个区域的特有风格。

产品包装设计的地域性表达通过对地域文化中典型元素的强调，赋予了产品包装独特的艺术魅力与审美价值，能够推动地域文化的传承与发展，满足现代人的回归意识和寻根情节等文化心理需求，以及在日常生活审美语境下人们的精神审美需求。产品包装中的地域性普遍存在，并且现在的作用越来越大，它既能提升产品的档次，也能树立起产品所在地域的形象，推动地方经济发展，展示地域文化的个性，使得产品和地域之间形成紧密的共生关系。地域文化可以从地域性材料、地域性图案、地域性色彩等几个方面对产品包装产生影响。

（1）地域性材料。

由于地域的不同，各地的地理状况及气候差异大，自然界的物产也不尽相同。自然界的物产能传达地域信息和文化，给人一种原汁原味的美妙感觉。每一种自然材料都是传达地域文化的有效载体。在包装中使用一些具有地域特征的材料，可以充分地运用、移植和放大地域文化，可以使包装的品牌内涵更丰富，强化地域信息，塑造品牌个性。

（2）地域性图案。

地域性图案是一个地区和一个民族文化的体现，是文化观念的一种物化形式和传播载体。它题材广泛、内容丰富、形式多样，还承载着某种寓意或者内涵，具有超出感性形象本意之外的感情色彩。这些特点与现代包装设计中所追求的形式语汇十分吻合，也是地域性图案在现代中再发现、再利用、再创造的契合点。

（3）地域性色彩。

消费者在购买产品的时候，色彩具有先声夺人的气势。同一种颜色会引起不同地域的人们不同的习惯性联想，产生不同甚至是相反的爱憎情感，因此包装设计的成功与否，在很大程度上取决于能否贴近因地域、风俗不同而产生的不同的色彩审美倾向。具有浓郁的地域或民族特色的色彩，能渲染出热烈的节日气氛，形成极强的视觉效果，同时又能体现一个地域的独特的文化底蕴。如孔府家酒的某款包装盒采用蓝底红条纹黑字的传统色彩搭配，不仅能传达出孔府家酒的历史厚重感，而且给了消费者一种真实感和信任感。

3. 产品品牌

通过将地域文化因素注入产品品牌中，特别是对于一些由地区的地理、气候、历史等因素所产生的独特产品，这种地域文化更是成为产品品牌价值的核心所在。欧美国家、日本、韩国的企业在特色产品品牌形象的构建中，能注重其文化理念的渗入，并借助鲜明的地域文化中传统视觉符号和能体现传统民俗等的饱含民族审美意味的图形符号，再融入现代视觉元素，让品牌视觉形象深入人心。

比如巧克力的国际知名品牌已基本占据了世界的中高端市场，其他小品牌仅在部分低端市场艰难生存，这很大一部分原因就在于国外食品巨头在运用文化营销方法方面更加得心应手，其产品所蕴含的文化价值更能引起人们的心灵共鸣，也更富有人性化，自然会带动产品销量，价格往往也会应势上涨。再如法国波尔多地区的红酒，该地区是世界最著名的高端葡萄酒产地之一，其独特的地理和历史因素，赋予了当地葡萄酒更多的文化内涵，也使其获得了巨大的文化溢价。

案例

法国波尔多的葡萄酒文化

法国不是葡萄酒产量最大的国家，也不是葡萄种植面积最广的国家，但它的葡萄酒却是全世界最著名的。这种知名度不仅与法国葡萄酒的品质有关，更与其所代表的法国历史和文化有关。人们一提到法国的葡萄酒就会想到浪漫的文化气息，这种良好印象与法国葡萄酒产品和品牌中所蕴含的历史、文化基因密不可分。法国有着诸多葡萄酒产区，其中最为著名和典型的就是波尔多地区。波尔多地区处于典型的地中海气候区，夏季炎热干燥，冬天温和多雨，有着最适合葡萄生长的气候，得天独厚的自然环境使波尔多地区有了大片的葡萄庄园，并发展为世界闻名的葡萄酒之乡。

在漫长的发展历程中，波尔多地区的葡萄酒行业形成了一系列成熟有效的规范和做法，特别是注重将法国历史和地域文化等因素与葡萄酒完美地结合在一起，形成了极具特色的波尔多品牌，并使得波尔多葡萄酒在世界市场上有着很强的竞争力。具体做法如下。

（1）地理标志产品的塑造与使用。

地理标志产品是指产自特定地域，所具有的质量、声誉或其他特性本质上取决于该产地的自然因素和人文因素，经审核批准以地理名称进行命名的产品。为打击假冒伪劣葡萄酒生产，法国于1905年确定了原产地命名制度，开始对原产地名称进行干预和规范。波尔多地区作为法国重要的葡萄酒产区，很早就开始实施较为规范的原产地命名制度。波尔多地区的葡萄酒生产一半以上是按传统的酒庄模式生产，从单个酒庄的产量和规模来看，并不具有竞争优势。但是在国际市场上，该地区的葡萄酒是以原产地的整体品牌出现的，所有酒庄共用波尔多地区品牌标志（BORDEAUX），只不过会在标志下面注明具体由哪家酒庄生产。这样不仅降低了对外宣传和推广的费用，而且大大增强了原产地的品牌效应。

（2）行业协会的发展。

波尔多地区的葡萄酒生产历史悠久，但葡萄酒生产厂商相对比较分散，多是以家庭为单位的酒庄进行生产。为了促进和规范行业发展，波尔多地区成立了葡萄酒商会等机构来组织协调各厂商之间的生产和经营活动，以使行业健康发展，并保护广大种植商和消费者的利益。1948 年，波尔多地区成立了波尔多葡萄酒行业协会（CIVB），该协会自成立以来，投入了大量的人力和物力，采取各种措施、活动来推广和宣传波尔多葡萄酒及其文化。

在推广方式上，除了组织一般性的商业推广和营销活动外，他们尤为注意通过一些极具地方文化特色的活动进行推广，比如组织"波尔多葡萄酒节"，它始于 1998 年，每两年举办一次，为期 4 天，现已成为欧洲最大的葡萄酒盛事之一，该节日将葡萄酒品尝展示、地方旅游等结合在一起，使其不仅仅是一次商品展销活动，更是一种地区文化和葡萄酒文化的推广活动。该节日不仅在波尔多地区举行，还会与世界其他城市合作举办，如加拿大魁北克和中国香港等都举办过。

（3）标准化和酒庄分级的作用。

标准化生产和规范的分级对于葡萄酒品质和价值有着决定性的意义。波尔多产区的葡萄酒严格按照法规管制进行生产，每公顷的葡萄产量、葡萄酒产量，都是有着严格标准的。符合法国国家原产地命名管理局（INAO）的所有规定后，葡萄酒生产商才能在酒瓶的标签上标明"A.O.C"（Appellation d'Origin Contrôllée）字样的原产地认证标记，这种标记是一种品质的保证和品牌的象征。

此外波尔多地区的酒庄分级制度也颇具特色。根据本地的历史传统和生产实践，波尔多葡萄酒行业采取的对于酒庄而不是葡萄酒本身进行分级的特色做法，在确保葡萄酒的品质、保护厂商利益方面发挥了重要作用。最为著名的酒庄分级为"1855 年分级制度"：当时为了在巴黎举办的世界博览会上呈现出法国最好的葡萄酒，并防止葡萄酒被"非专业"评比，波尔多业内的专业组织制定了波尔多产区红葡萄酒和白葡萄酒的分级名单，其中生产红葡萄酒的酒庄被划分为第一至第五等 5 级酒庄，生产白葡萄酒的酒庄被划分为特级至二级等 3 级酒庄。时至今日，该分级依然是世界上最为著名的葡萄酒分级制度。

（4）传统地域文化的保护与发扬。

作为著名的葡萄酒产区，法国波尔多地区在历史、人文和艺术等方面也有着丰富而深厚的积淀和传统。波尔多地处法国西南部阿基坦大区，既是法国连接西非和美洲大陆最近的港口，也是西南欧洲地区的铁路枢纽，地理位置优越、经济发达，在法国国家历史上占据重要的地位，被称为"月亮港"。该地区拥有 300 余座历史建筑，人文气息浓厚。2007年 6 月 28 日，波尔多市整体被联合国教科文组织评为世界文化遗产。

对于历史和文化的尊重与保护，使得波尔多地区成为集美食美酒、人文和景观为一体的葡萄酒文化旅游胜地，人们对于波尔多地区历史和文化的认同感也日益增强。这种区域文化与产品的发展相辅相成、相互融合，为产品注入了文化内涵，产品的内在价值得到提升，而地域文化也得到更好的继承和发扬。

第四节　国家文化元素

世界各国在历史长河中逐渐形成了独具特色的国家文化，这种文化渗透到社会经济生活的方方面面，自然也影响到所生产制造的产品，从而赋予其独特的品质和特性。随着全球贸易的兴起，工业产品超出国家地理范围，在更广阔的空间进行传播，国家工业形象也随之形成，并因工业实力的变化而变化，这种国家工业形象以及由此产生的国家文化形象会对产品的文化定价权产生综合影响。

1. 国家文化形象

国家文化形象是一个国家文化传统、文化行为、文化实力的集中体现，任何一种国家文化形象的形成都离不开特定的自然条件和社会历史条件。在全球化时代，文化形象对国内外经济、政治等方面的影响日趋加强，世界各国高度重视国家文化形象的塑造，并通过实施文化战略来树立国家文化形象以维护拓展本国利益。良好的国家文化形象能够提升一国的国际影响力，是国际竞争中不可或缺的无形资产。

国家文化形象依赖经济实力的强大、历史文化的积淀和文化产品的传播。由经济所建构的国家文化形象是具有塑造性的，因而会随着一个国家经济发展状况而改变。当一个国家经济实力强大时，其国家文化形象必然也是强势的，会对其他国家产生吸引力和强大影响力，从而渗透到产品定价权之中，其对产品的定价会受到国家文化形象的受众国的认同。由历史文化积淀所形成的国家文化形象是存在于人们头脑中的、基于对一个国家历史文化的了解所产生的文化印记，具有稳定性和黏性。它对产品定价权的影响关键在于人们对这种独特历史文化的认同，以及这种独特历史文化分布的范围。文化产品的传播是形成国家文化形象的一个主要通道，因此要形成某种国家文化形象，就需要创造和生产与之相适应的文化产品。这种因文化产品所形成的国家文化形象是一种片面的、不完整的消费者感受，所以对定价权的影响可以通过发展文化衍生产品而实现，也可以通过与受众国的文化对接而形成。

国家文化形象是否被受众国消费者接受，会在一定程度上对产品价格带来影响。法国 LVMH 集团旗下共有迪奥、酩悦香槟、纪梵希、芬迪等多个品牌，在产品销售额与影响力方面处于世界奢侈品行业的顶端。该集团产品的定价普遍高于同行业其他国家的产品，但仍不乏消费者的追捧，其成功除了源于卓越品质与精湛工艺外，也与法国的国家文化形象分不开。作为最早进入工业化的发达国家之一，法国凭借其在近代历史中取得的经济、社会、文化方面的成功，塑造了非常成功且富有感染力的国家文化形象。

2．国家工业形象

国家工业形象是由工业产品传播所形成的国家形象，所以它会随国家工业实力的变化而变化。国家工业形象主要影响工业品的定价权。当国家工业整体实力强大时，工业品的定价权便得以增强；反之，当国家工业实力弱小时，工业品的定价权便受到限制。

消费者在面对来自不同国家的产品时，不可能掌握市场上所有产品的内部信息，只能依靠外在线索感知其质量来进行选购，而国家工业形象是重要的外在线索之一。前几年，中国消费者海外购物的热潮高居不下，尤其是对日本产品的跨境购买，甚至出现了跨境购买日本马桶盖这种令人啼笑皆非的行为。上述现象的背后固然存在一些消费者对日本制造的盲目推崇，但是从另一方面来讲，也说明了日本"精工细作"的工业形象深入人心。近两年，随着中国国潮文化的兴起和产品品质的提升，"海淘热"才大幅降温。

案例

丰田汽车的"精益生产"

汽车产业的发达程度是衡量一个国家工业化水平的标志之一，它在一定程度上能够反映国家工业形象对该国产品溢价能力的影响。丰田汽车作为日本汽车制造业的代表，自公司成立时起便以其特别的生产方式闻名于世界汽车制造业，美国麻省理工学院国际汽车项目组研究部门还专门将此种生产方式命名为"精益生产"。丰田的成功与其企业文化、生产方式、管理模式和人文精神是分不开的，不管是在哪个国家，丰田汽车的制造过程都严格执行日本本土的精细化管理，倡导"以杜绝浪费的思想为基础，追求合理性制造的生

产方式"，力图从根本上实现"零浪费"。正是由于日本国
内如丰田般卓越的工业企业数量众多，日本的工业实力才会
不断增强，造就了其良好的国家工业形象。正因如此，不少
消费者偏好"日本制造"，愿意付出更高价格来满足自身
需求。

3．挖掘民族文化，弘扬国家工业精神

国家文化元素是国家文化的精髓，在考虑国家文化元素变化对产
品定价的影响时，要注意地域与时期的变化。不同国家的文化元素与
同一个国家不同时期的文化元素变化都会造成产品定价的调整，这种
变化对产品定价的影响是通过附加价值来体现的。若附加价值符合消
费者偏好，会促使消费者需求增加，产品定价上升；若不符合消费者
偏好，则会导致消费者需求减少，产品定价下降。

案例

德国的工业精神

德国素来有"制造业王国"之称，其工业产品以品质优
良著称，技术领先、做工细腻，极高的产品质量让德国人在
两百多年以来的绝大部分时间里都居于中高端制造业的统治
地位，在世界享有盛誉。回顾德国制造的发展历史，其在工
业发展早期也曾面临质量低下、技术低劣的困境。

1871 年德国百废待兴，当时的世界市场几乎被工业化先行国家瓜分完毕。作为后发国家，在夹缝中求生的德国人"不择手段"，仿造英、法、美等国的产品，并采取廉价销售的方式竞争。从偷窃设计到复制产品，从伪造制造厂商标志到在产品材料、工艺上偷工减料，德国人这些低劣的竞争手段让英国人大为恼火。英国人不仅给德国制造产品贴上了"厚颜无耻，廉价低质"的标签，英国议会更是于 1887 年 8 月 23 日通过了具有侮辱性的商标法条款，规定所有从德国进口的产品都须注明"德国制造"，以此将劣质的"德国货"与优质的英国产品区分开来，于是 8 月 23 日成了"德国制造"的诞生日。

这一事件极大地刺激了民族自尊心极强的德国人。为了改变"德国制造价廉质低"的形象，德国一方面树立质量至上、精益求精的观念，学习英国工业革命经验，出台了一系列保障产品质量的政策举措，在产品设计上主张追求卓越，在生产上鼓励企业优化生产工艺流程，大力推动生产技术、装备升级，以从源头保障产品质量。另一方面以质量和创新教育为重心，推行全民义务教育和职业教育，通过教育和文化塑造人，将质量和创新意识融入德国人的血脉。

德国在长期生产、经营、建设、发展的过程中创造了极具本国特色的精神，主要体现在把严谨认真、遵守秩序和责任精神等传统文化与产品制造有机地结合起来，创造出独具特色的德国工业文化，这种工业文化的具体表现可归纳为以下 6 个方面 [①]。

一是"专注精神"。德国的很多制造企业会几十年、几百年聚焦于某个产品领域，成为该领域的"隐形冠军"，有些至今依然保持着中小型规模，例如，生成印染压缩机的高宝（Koenig & Bauer）、生产工业用链条的 RUD 和生产高压专业吸尘器的卡赫（Karcher）等都是相关行业的全球领军型企业。

二是"标准主义"。在德国制造业的发展过程中，标准就是法律，首先是"标准为尊"，即尊重标准、遵守标准，就像遵守行车规则一样自然。其次是"标准为先"，即在生产制造之前，先订立生产标准，并在生产中不断加以完善。

三是"精确主义"。对精确的追求，反过来又提高了标准的精度。德国人崇尚精确主义，据《欧洲时报》报道，德国制衣行业曾委托一家研究所重新测量和统计有关德国人身材的数据，目的是获得更准确的制衣尺寸。这种精确主义使德国精密制造一直保持全球领先地位。

四是"完美主义"。追求完美的工作行为表现是"一丝不苟、做事彻底"，也就是"认真"，这已成为德国人的性

---

① 葛树荣，陈俊飞. 德国制造业文化的启示 [J]. 冶金企业文化，2017(3): 24-27.

格特征。

五是"秩序主义"。德国人特别依赖和习惯于遵守秩序，无论是家庭中的杯子、碟子，还是领带、衬衣，乃至工作场所的文件、工具等物品，都摆放得井然有序，一切都在自觉之中。

六是"厚实精神"。德国人精神中的"责任感、可靠和诚实"使得"德国制造"在设计和材料使用上，实实在在地考虑用户利益，更加注重内在质量，而非过度包装和增添华而不实的功能。

表3-2给出了德国厨具品牌——双立人与中国相应品牌同规格产品的价格对比表，可以看出同等规格的产品，双立人的价格要高得多。这种高溢价与其深厚的文化底蕴、良好的做工以及强大的品牌影响力不无关系。

表3-2 德国厨具品牌双立人与中国相应品牌的价格对比

国家	品牌	产品型号	价格	产品重量
中国	苏泊尔	3代钛Pro无油烟不粘炒锅30cm	￥469	2.6kg
中国	苏泊尔	30cm铁炒锅FC30T4	￥199	2.6kg
中国	九阳	30cm铁炒锅CLB3053D	￥199	1.8kg
德国	双立人	Twin Nova Ⅲ系列30cm中式炒锅	￥1 088	2.4kg

注：数据均来自京东官方旗舰店（2017年12月2日），选择旗舰店是因为其他店铺折扣力度多有不同，而旗舰店价格较为稳定。

第四章

产品文化定价的
理论与方法

产品文化定价权指企业在有效地将文化要素融入产品定价的过程中，使得文化要素成为产品价格的有机组成部分，并通过提高产品的文化内涵、增强产品的竞争力，从而在市场上占据优势地位，获得更高的利润。产品定价权的获取与产品定价机制密切相关，与传统产品定价机制中的土地、资本、劳动力等生产要素相比，文化作为一种特殊的要素，其进入产品价格体系的方式及发挥作用的途径与其他生产要素有着很大的差异。因此产品文化定价权的获取首先要对企业在市场中所处的地位、所面临的有利和不利的内外部环境、企业产品文化的特点以及产品价格波动等各种影响因素有一个全面客观的认识，在此基础上才能客观理解当前和未来的市场形势，从而积极主动地采取各项措施，有效地提升企业在定价过程中的影响力，使得企业能够将文化要素有效地融入产品定价体系，并通过文化影响力在产品定价中处于更有优势的地位，最终获取产品的文化定价权。

第一节　常用定价方法

在市场经济发展的不同阶段，由于生产组织方式、要素形态等的变化，产品定价理论也经历了不断丰富和发展的过程。

在传统经济学中，企业的生产要素主要是劳动力、资源、资本等，在产品生产过程中，这些生产要素是逐渐被消耗的，即表现为"耗损型"经济。企业产品定价主要是以成本为导向进行的，产品定价则以边际理论为基础。

随着知识经济和网络经济时代的到来，产品的形态发生了很大变化，高新技术产品、知识性产品等区别于传统工业制品的产品大量出现，互联网的普及使得信息传递渠道发生了变化，相应的产品定价规律也发生了一定的变化。在知识经济和网络经济时代，知识、技术成为主要生产要素，使得影响产品定价的因素增多，很难再直接用传统产品定价理论进行分析。

对产品进行定价的方法很多，一般而言，企业应根据不同经营战略和价格策略、不同市场环境和经济发展状况等因素，使用不同的定价方法。常见的定价方法包括"成本导向定价法""需求导向定价法""竞争导向定价法"和"心理定价法"[①]。

1. 成本导向定价法

成本导向定价法，又称"会计学定价方法"，是一种在产品的生产和经营成本的基础上适当加上利润的定价方法，是一种卖方导向的定价方法，为大多数企业所采用。成本是企业生产经营过程中所发生的实际耗费，客观上要求通过商品的销售而得到补偿，并且要获得大于其的收入，超出的部分表现为企业利润。成本导向定价是以产品成本为中心的生产方导向定价思路，其目标是在不亏本的情况下获得尽可能高的利润，通常包括成本加成定价法、边际成本定价法、盈亏平衡定价法（又称保本定价法）等。

---

① 陈永, 陈友新. 产品定价艺术 [M]. 武汉：武汉大学出版社, 1999.

这种定价法的优点显而易见：计算方法简便易行，资料容易取得，能够保障企业的全部成本得到补偿，并获得正常利润。它有利于保持价格稳定，需求量增大时，产品价格不会提高，而固定的加成使企业可以获得较高利润。同行业的各企业只要加成比例接近，所制定的价格也接近，就可以减少或避免价格竞争。这对买方和卖方来说都比较公平，卖方能得到正常的利润，买方也不会觉得吃亏。

它的缺点在于仅仅从生产方的角度设定价格，而忽视了市场需求和市场竞争，忽视了产品需求弹性的变化，忽略了产品生命周期的变化，可能偏离消费者对产品价值的心理价位。因此所设定的价格也可能不利于企业获得竞争优势，不利于企业降低产品成本、提高效益。

2. 需求导向定价法

需求导向定价法是指在不同等级成本的基础上，对各种假设价格水平下的销量进行估计，决定一个可达到预计销量和利润目标的价格，其最大的特点是不以成本作为定价依据，而是以消费者对产品的感知价值作为定价的依据，这种定价方法也被称为"以市场为导向的定价法"或者"以顾客为导向的定价法"。

需求导向定价法要求确定消费者对各种不同产品的感受价值，然而这很难衡量，而且费时费力：根据消费者对产品的感受价值来设置定价，主要是通过询问在不同时间、地点及场合的情况下消费者愿意为产品付出的最高价格，即通过访谈或问卷调查的方式来获取定价信息。

拍卖定价是一种独特的需求导向定价方法，在很多文化产品如文物、艺术品等的交易和房屋、机器设备等物品的变卖中普遍采用。商品所有者或其代理人事先不规定商品价格，而是采用公开叫卖的方式，促使买方报价，从中选择成交价格。

3．竞争导向定价法

竞争导向定价法是企业通过研究竞争对手的生产条件、服务状况、价格水平等因素，依据自身的竞争实力，参考成本和供求状况来确定商品价格的方法。它的目标是促使企业在市场上获得一定的优势地位或谋取一定的生存空间。它的特点是价格与商品成本和需求不发生直接关系，商品成本或市场需求变化了，但竞争者的价格未变，就应维持原价；反之，虽然成本或需求都没有变动，但竞争者的价格变动了，则相应地调整其商品价格。

竞争导向定价法主要包括随行就市定价法、投标定价法、高价竞争定价法和低价竞争定价法。由于这是基于市场均衡价格的定价方法，因此不需要过多地估计消费者的感知价值和企业的生产成本，是一种较易于操作的定价方法。

该方法一般适用于竞争较为激烈的市场，比如饮料、方便食品等快速消费品市场。同时，对于一些规模较小、产品知名度较低的中小企业而言，采取低价竞争定价法，通过更低的价格，可以吸引到一批对价格比较敏感的消费者。

4．心理定价法

心理定价法是企业在为自己的产品定价时，根据不同消费者群体的心理需求和价值感受，有意识地采取多种投其所好的表现形式，以促进产品销售的定价策略。心理定价法运用了心理学的原理，它是定价的科学和艺术的结合。当企业采用成本导向、需求导向或者竞争导向定价法设置一个基础价格后，如果这个价格并不能被消费者接受，就应该针对不同的消费心理，对该价格进行修正。不同的企业有不同的定价目标，不同的消费者群体有不同的消费心理，因此应该有不同的心理定价策略。

从理论研究来看，早期的产品定价理论很少涉及文化因素的影响。近年来，有些学者开始慢慢关注文化对产品价格的影响，但整体而言，此类研究相对较少。已有研究并未对文化因素影响产品定价的途径、机制和过程进行深入的分析，还没有形成完整的理论体系和框架。

第二节　文化定价法

1．产品文化

产品是人造物，是由人创造出来的，在制造过程中，不可避免地受到人类制度、行为规范和精神文明的影响，因而自然而然地会带上文化的印记。所以可以认为产品文化是以产品为载体，反映企业物质、制度和精神追求的各种文化元素的总和，是产品价值、使用价值和文化附加值的统一。

企业的定价行为是其进行市场竞争时的一个重要环节。企业除了按照产品的成本、功能和供求关系进行定价外，产品文化也可以成为定价的重要组成部分。具体而言，产品的品质、文化影响力和消费者文化差异是企业进行文化定价的基本条件，而文化的可传播性、定价过程的可控性和文化因素的可持续性则是企业开展文化定价的现实依据。

（1）人造物与文化。

菲利普·科特勒指出"产品是指能够提供给市场以满足需求和欲望的任何东西，包括满足消费者基本需求的基础价值和满足消费者其他需求的附加价值"[①]。文化是人类活动的产物，是在一个个人类群体中形成的。人造物是人类文化传承的载体和外在表征，产品是人造物，其形成源自人们对生活的需求，产品本身附加着人们的生活方式及态度。随着市场竞争的加剧，文化价值已经成为产品附加价值的重要构成部分。只有深度差异化的产品才能真正引起消费者的兴趣，形

---

① 菲利普·科特勒. 营销管理 [M]. 梅汝，梅清豪，周安柱，译. 北京：中国人民大学出版社，2001.

成自身独特的竞争优势，文化正是打造差异化产品的关键所在。

产品文化通过人造物和共识符号进行传承，并随时间不断积淀，从而形成大量的物质文明，也形成了精神文明中人们对于生命的认知和态度以及群体的思维方式。同时，物质文明不断地塑造着人类的生活方式和文化。人造物背后的构建逻辑、构建形式以及人造物的使用也是产品文化的一部分。比如，中国人使用的筷子，是特定的环境背景、生活方式下的餐具，筷子的形式本身就是一种文化。之所以东方人用筷子而西方人用刀叉，文化背景原因很复杂。东方文明是农耕文明，食物多是粮食而非肉类；西方文明是游牧文明，多是大块吃肉，而随着工业技术的发展，在有了制造金属器具的技术之后，所创造的餐具文化大量普及，才形成了现在的西餐文化。可见，作为人造物的产品本身就是一种文化，而在使用过程中它会慢慢地符号化，如自行车文化、滑板文化、牛仔文化。

（2）产品文化的内涵。

产品本身有物尽其用的要求。随着消费文化的形成和人们精神需求的提升，产品已有的功能特性只能满足基本需求，而难以满足人们对于产品的文化体验期待，产品文化内涵越来越多地成为影响消费者消费行为的要素。

产品文化内涵与产品的社会时代背景、人文社会、经济基础等都有很大关系，它的形成融合了产品的历史记忆、当下的价值与社会的意义。随着消费的升级，文化与企业、文化与经济的互动关系愈益密切，文化的力量日益突出，这种文化色彩首先体现在产品上。产品文化内涵主要包括企业文化内涵、品牌文化内涵和产地文化内涵。

从产品的企业文化内涵来看，企业生产的产品决不仅是具有某种使用价值，即不仅仅是为了满足人们的某种物质生活需要，而是越来越多地考虑人们的精神生活需要。可以说，企业产品不仅是技术和工具的产物，更是企业员工群体特定的价值观、思维模式，以及他们心理的、知识的、能力的综合素质的体现。一言以蔽之，产品深深地打着企业文化的烙印，二者相融相合。

从产品的品牌文化内涵来看，品牌作为一种经济现象，在社会生产力发展的不同阶段有内容、形式的不同，它是市场竞争的必然结果，品牌的背后是文化。优秀的品牌具有良好的文化底蕴，消费者购买产品，不只是选择了产品的功效和质量，同时也是选择了产品的文化品位。品牌代表着生产者对产品特征和服务的一贯性承诺。

从产品的产地文化内涵来看，很多产品的特性与产地的地理位置、气候条件等自然因素和历史、文化传统等人文因素密切相关，甚至有些产品的品质直接取决于产地特征。有些产品会让消费者自然联想起产地名称，一旦离开产地特征，这些产品就很难生成或者保持相应的品质。

（3）产品文化构建。

产品的形成首先源自人们对生活的需求，产品在其本身的文化之外附加着人们的生活方式及态度。生活中的社会文化现象会形成一种新文化，产品文化通过设计、包装等手段反映并呈现在"物"上，形成加载了文化的产品，与此同时，还构建了产品文化与用户群体之间的关系。下面从 3 个角度理解产品文化的构建。

一是产品的创新。科技的进步和文化的多元性，加快了产品创新的步伐，其特征体现在同时期的产品创造中。它们引领或追逐当前社会的热点与潮流，产生并影响着产品的创意和构思，从而催生了许多体现不同文化内涵的产品。

二是产品的语境。每个时代都有表现各自的文化内涵和艺术创造的产品，而文化需要得到群体内部的普遍认同，需要符合当下时代特点，并加以现代化的语言去诠释和建构。产品应该符合时代的语境，适应当下的文化环境。我们看过去的电子产品，会觉得很多电子产品的式样很丑，但是在当时的技术工艺条件及文化背景下，它们都是优秀的产品，只是当外部环境改变的时候，人们的需求及认知都会发生改变，所以人们需要新的、符合当下语境的产品。

三是产品的审美。产品设计要符合当下的审美理念，只有美的产品，才能提升人们的生活品质，才能够通过消费者完成信息传递、文化传承的功能。

牛仔布料与牛仔文化

　　牛仔布料的背后是牛仔文化的形成，牛仔文化来源于社会底层文化。牛仔裤诞生于19世纪中期美国的"淘金热"，由当时矿工常穿的粗糙而结实的布料制成的工作裤演变而来，后来因为影视、旅游以及时尚界的传播而被大众所接受，而且成为许多人的必备单品。牛仔服饰本身耐磨、实用、美观的特性决定了它会为人们广泛接受。又因为嬉皮士文化、摇滚文化、朋克文化的流行，其被赋予了更加丰富的含义，成为街头文化、摇滚文化的代表符号。牛仔文化从亚文化变成流行的大众文化，其中所承载的历史以及文化群体所赋予的文化意义，说明了牛仔文化的重要性。牛仔文化是自下而上地兴起的一种独特的文化，象征着实用、独立、自由、平等、叛逆、多元化、跨越阶级等，它的覆盖面极大，从个性独立到时尚，从平凡随意到高贵优雅，拥有极大的群体价值。

　　牛仔服饰的流行原来主要来源于时代的社会文化环境，而它的持续流行则源自它本身的品质。牛仔文化的受众群体除了看中它的审美、时尚和实用的使用价值之外，更为看中它背后的故事意义及象征价值，现在人们的消费不再是为了功能性的满足，而是为了个性身份的认同。受众群体涵盖各个年龄层次，而青年占了很大比重，牛仔文化已经成为青年人的流行文化，一些牛仔服饰也成为时尚单品。

牛仔服饰在人类服装历史中有极大的影响力。牛仔布料是一种质感很强的布料，牛仔产品的缝线线迹、铆钉、标签、做旧、补丁、破洞、印刷、涂鸦所产生的不同的机理效果都是特有的文化符号。而牛仔布料的制作逻辑与故事、功能、样式、产品使用过程中产生的痕迹等已经给广大消费者留下了深刻的印象并被他们赋予了特定的意义。基于此，独具个性的产品文化得以形成，这类产品也进而拥有了拓展消费者群体的巨大空间。

2．企业定价能力

价格是企业进行市场竞争的重要武器，是企业实现经济效益的重要途径。企业产品的价格受到许多因素的影响，包括心理的、社会的、文化的。价格通常是由产品的生产成本、利润、税金等要素构成的，企业在定价时需要综合考虑内外部各种因素，包括成本分析核算、外部市场结构、市场需求、消费者心理和行为以及竞争对手情况等。在产品的生产成本和税率一定的条件下，产品的市场价格越高，企业获得的利润亦越高，反之，则利润越低。产品的价格受到市场供求关系的影响，因此，任何一家企业在进行价格决策时，都必须注重对同类产品市场供求关系状况的研究，以使价格的设置适应市场供求关系的需要。大多消费者对产品的价格敏感，但有些企业可以超越产品的基本成本，增大比价格竞争力更具竞争力的优势，如苹果手机，其价格敏感性对"果粉"来说非常低。

沃伦·巴菲特（Warren E. Buffett）在 2011 年的一次采访中说道："评估一个企业时唯一重要的决定性因素是定价能力。如果你有能力提价而业务又不会流向竞争对手，你拥有的就是一个很好的企业。如果你在提价 10% 前还要祈祷，你拥有的就是一个糟糕的企业。"其实，每个企业都在不断努力建立和强调产品或服务的特殊品质，巴菲特所说的前一种企业，基本上都是拥有足够强大的品牌和商业模式的企业，而在这些企业周围有一条坚固的"护城河"，让他们能够更好地掌握产品定价权。

每个企业生产出来的产品都是为了满足用户的需求，通常来说，用户有 3 个层级的需求：功能级需求、体验级需求、个性级需求。

第一，功能级需求。以保温杯为例，如果企业做的是功能性产品，那么只要满足在一定时长内保温的基本功能及相应的性能和安全指标就可以了。在功能性产品上，各个企业的差异不大，因为有行业标准、国家标准，甚至是国际标准作为依据与要求，这时产品之间的竞争主要就是性价比的竞争。

第二，体验级需求。如果保温杯没有特色，就想定位为中高端产品，那是很难让消费者认同的。如果真要做出特色，就要提供差异化体验，如给保温杯设计特色式样，采用高端材料，这时候企业能赚的就不仅仅是产品功能上的钱了。再比如，企业是一个知名品牌，效果也类似，消费者了解企业品牌，信任产品质量，喜欢品牌设计的格调，这时产品也会产生溢价，这是体验性的价值。产品一旦有了差异，就不用与市场上的功能性产品竞争性价比了，此时企业将拥有很大的定价空间，产品自然能成为中高端产品，其价值也提升了。

第三，个性级需求。所谓个性级需求就是消费者需要一个为自己定制的产品，如要求保温杯有特定的色彩、大小、图案等。如果企业能够满足消费者的个性化需求，这时产品的定价策略就会发生变化，企业在定价上会有更大的主动权。

产品的定价权是根据产品满足用户需求的程度，即从功能到体验再到个性的逻辑而逐步获取的。如果企业树立了品牌，又能满足用户更高层级的需求，企业就有机会在市场上掌握产品的定价权，从而带来高溢价。从上述分析可以看出，产品的定位随着功能级、体验级、个性级的递增，所体现的文化元素越丰富，企业的产品定价能力就越强。

3．文化定价权分析

（1）产品自身的品质。

文化元素并不能单独存在，必须依附于一定物质形态的产品，因而产品本身所具有的使用价值是整体价值的基础和根本。如果产品在功能、性能、质量等方面的品质达不到一定的水准，即使有强大文化元素的介入，这些文化元素也会成为无本之木、无源之水，可能在短期内能够对消费者产生一定的文化吸引力，但随着消费者在使用过程中逐渐体会到产品品质方面的不足和存在的问题，由文化元素所带来的满足感也会逐渐消失，甚至导致消费者对产品文化本身产生不满而疏远，使得产品文化自身的价值受到影响和冲击，给企业之后再次利用类似的文化元素进行定价带来了极大的困难和障碍。

产品品质是获取文化定价权的基础和前提，只有具备一定品质的产品才有可能在市场上获得文化定价权。企业应该通过加大研发投入、优化流程管理等多方面举措切实提高产品的品质，让产品的内在品质与文化内涵相互融合、相互支撑，共同构成产品的价值基础。据此再通过产品策略、品牌策略和促销策略等市场竞争策略来夺取产品的文化定价权。

（2）消费者的文化差异。

不同国家、不同地区、不同民族和不同背景的消费者有不同的价值观和文化传统，形成了不尽相同的消费个性，对某种产品价值的理解也不一样，相应地对产品文化价值的需求和偏好也有差异。注重消费者的文化差异，要求在实施产品文化定价时了解目标市场的行情，了解当地的民风民俗、语言习惯、文化现象，了解当地消费者在市场竞争中的消费需求、消费心态、购买习惯等，从而有针对性地对产品及销售策略等进行调整，做到有的放矢。这里的调整包括两个方面：

一方面是通过调整产品设计，使产品的功能、性能、质量等使用功能方面的特性满足消费者的物质需求；另一方面则是对产品文化内涵、文化定位和文化表现形式等文化价值方面的特性进行调整，使得产品的文化价值更加符合不同文化背景下消费者的消费偏好，更好地满足消费者的精神需求。比如宝洁公司通过实施"入境问俗"的市场调研，发现同样是东亚地区的消费者，日本、中国的消费者对化妆品的功能定位、功效等方面的需求有着较为明显的差异。日本的消费者大多关注产品的原料、功能、工艺、包装等各方面的细节，而中国的大多数消费者更习惯于依据品牌进行选择，比较"认品牌"。基于此，宝洁公司在产品设计方面依据地区差异和人群差异而设计出不同功能、不同效果的产品，从而在亚洲市场取得了巨大的成功。

（3）产品文化影响力。

产品文化影响力是获取产品文化定价权的基础和保障。一种文化如果不能具有较强的感染力和影响力，不能为目标消费者所接受，就无法引起目标消费者的关注和认可，即使在整个产品价值链中有效地导入各种文化元素，也无法真正满足消费者的精神需求，甚至有可能适得其反，影响到消费者对产品本身使用价值的正常判断和选择，反而削弱了产品的市场竞争力，因此企业必须重视产品文化影响力。

产品文化影响力的强弱既取决于企业自身在产品文化价值方面的投入力度及塑造企业文化的结果，又取决于企业所在区域、所在国家的整体文化影响力。企业文化的塑造包括企业自身要在日常生产经营活动中，营造并保持良好的企业文化氛围，诸如打造"创新、进取、追求品质"的企业质量文化，也包括企业为产品所设计和打造的文化影响力。国家和区域文化是企业文化孕育和生长的土壤，会直接对产品文化影响力产生作用，优秀的国家和区域文化会为产品的文化影响力加分，反之则会削弱产品的文化影响力。比如日本以漫画、音乐、日式料理为代表的文化，在国际市场上有一定的影响力，形成了一股强劲的国际流行文化，即所谓的"酷文化"，这种文化软实力增强了日本相关产品的文化竞争力。

案例

星巴克的文化定价权分析

星巴克（Starbucks）是目前全球最大的咖啡连锁店，总部坐落于美国华盛顿州西雅图市。与传统的咖啡连锁品牌不同，星巴克将文化元素充分融入产品生产的各个环节，获得了较高的产品文化溢价，对咖啡产品的定价能力有了很大的提升。经分析，星巴克主要从以下几个方面进行了成功的文化建设和营销工作。

（1）星巴克在美国本土的成功就是其推行咖啡文化的成功。在星巴克之前，拿铁、摩卡、卡布奇诺等各款咖啡对美国普通消费者而言非常陌生，星巴克将欧洲传统咖啡文化和制作工艺与美国的快餐文化结合起来，成功地将欧洲咖啡文化"美国化"，并教会美国消费者如何品尝高品质的咖啡，创造了独特的美国咖啡文化，进而凭借这种独特的文化在美国咖啡饮料市场上占据了优势地位。

（2）给消费者带来了一种强调体验的全新生活方式。星巴克致力于提供除去生活场所和办公场所以外的第三空间，消费者在这第三空间里可以享受到温馨与舒适。随着现代生活节奏的加快，这种区别于工作和家庭的第三空间为现代都市人群提供了难得的休闲体验。例如在移动互联网普及之前，星巴克就已通过与网络公司合作，为消费者提供无线网络服务，使消费者可以在品尝美味咖啡的同时，进行网上办公或娱乐。此外，星巴克还向其消费者传递了诸多有关咖啡的专业知识，大力推广咖啡文化。

（3）树立企业担当的文化形象。在采购咖啡豆时，星巴克与非营利环保组织"环保国际"合作，制定 C.A.F.E. 条例（咖啡和种植者公平规范），选购通过树荫栽种的环保咖啡和有公平交易认证的咖啡，不仅保护了咖啡豆种植区的环境，还尽最大的努力帮助发展中国家的咖啡豆种植者获得更好的生活条件，给他们支付溢价以帮助他们获得利润、供养家庭，同时形成良性循环，确保这些种植园能为星巴克持续供应高质量的咖啡豆。星巴克既与咖啡豆种植区建立了稳固的互惠互利关系，又宣传了企业的正面形象，践行了企业应该承担的社会责任，促进了消费者对其企业文化的认同。星巴克还出台相关政策，任何进入咖啡店的顾客，即使不进行任何消费，也可以享用店里的公共服务设施。

（4）强调与本土文化的融合。星巴克在世界各地经营时，非常强调实施本土化策略，并运用其独到的文化洞察力将其企业文化与当地文化进行有机的融合。比如进入中国市场伊始，星巴克就结合自身特点进行了准确的文化定位。在中国的城市里，公共和准公共空间经常是人来人往的，星巴克则有针对性地提供相对整洁、安静的环境，并扩大门店面积，拓宽座位区，提升沙发的柔软度，为中国的消费者提供了良好的社交场所，满足中国消费者的聚会和商务活动等需求。星巴克还在中国成立了设计中心，在保持品牌设计一致性的同时，也注意吸收与融入中国传统文化。例如在一些分店内，使用中国复古家具取代星巴克惯有的标准化座椅，以富有中国传统特色的室内设计，博得了不少中国消费者的喜爱。

4．文化定价的可行性分析

虽然文化作为一种要素会对企业的产品价格产生重要影响，但文化具有社会性、泛义性和抽象性，并不像传统的劳动力、原材料、资本等生产要素那样易于核算和控制，那么企业是否能够将文化融入产品定价体系？或者说，文化作为要素进入企业的产品定价体系是否具有可操作性和经济性？

（1）文化本身即为人所创造，具有可传播性。

文化本身是由人以及由人所组成的社会创造的，企业作为当今社会重要的组成单元和富有活力的经济组织，在社会文化创造中扮演着重要的角色。企业可以针对产品特点、服务特色和消费者心理，在产品价值链的各个环节采取相应的措施，将自身的经营理念、历史传承和品牌价值等要素整合到产品文化中，使产品文化具备富有魅力的人文气息，并通过现代传媒手段传播出去，从而影响消费者行为。因此文化并不仅仅是一种现象，还是可以由企业进行一定的创造并进行传播的元素。

（2）企业进行产品定价的过程可控。

产品的构思、设计、生产、包装、促销、服务等一系列活动，完全是企业日常进行的有序、可控的经营活动，只要企业对文化元素（包括产品自身、企业、地域、国家等各层面的文化元素）有充分的了解和把握，并对文化元素进入产品定价体系的途径和机制有较为清晰的了解，就可以将文化元素有机地融入上述生产与流通过程中，在产品定价中体现文化价值，获得文化溢价。

（3）文化元素在产品开发中的应用具有低成本和持久性的特点。

首先，从成本角度来看，唤起文化认同感，激发文化的感染力所需要的经济代价远小于技术突破的代价，这种成本优势为企业挖掘文化价值、打造文化定价体系提供了广阔的空间。特别是中小型企业，由于企业规模较小，技术开发能力和市场开拓能力较弱，产品价格和资金投入的限制较大，在短期里难有技术上的重大突破。但是，如果中小企业可以借助区域文化、国家文化，就能以较为低廉的成本来实现产品竞争力的提升，比如法国波尔多地区的诸多葡萄酒酒庄会共同使用"波尔多"这种特有的原产地标志，大大降低了各酒庄在营销和推广上的成本，从而使得这一原产地标志获得极大的文化溢价。

其次，文化元素具有持久性。文化表现为人们在思想上的认同感，而这种认同感又会通过行为自然而然地流露出来。由于认同的对象特点鲜明，因而很难被替代，竞争对手也难以模仿，因此通过文化元素所创造的差异性具有持久性。基于文化开发的产品，具有更强的市场竞争力，其生命力更为长久。

第三节　产品的文化定价理论架构

按照消费者价值最大化的原则，应以消费者的文化需求为导向，通过了解、分析和判断消费者的文化价值需求，有针对性地在产品中引入相应的文化元素，并在考虑市场竞争对手行为的情况下，进行产品文化定价，并根据消费者文化需求的变动及时做出调整，由此可以有效地将文化元素引入产品的价值构成和定价体系中，实现产品文化定价的有效性、针对性和策略性。

1. 定价原则

产品能够获得消费者认可并在市场上占据优势地位，其根本就在于相较于竞品，能够更好地满足消费者的需求，使得消费者价值达到最大化。产品的文化价值作为产品价值的重要构成部分，主要由产品文化定价来体现。在进行产品文化定价的过程中，必须坚持以消费者价值最大化为原则，在充分考虑消费者价值构成及其特点的基础上，将文化因素有机地融入产品定价过程，使得产品文化价值实现最大化。结合消费者价值的特点，以下几方面的内容是在产品文化定价过程中实现消费者价值最大化原则所必须贯彻的。

（1）消费者价值是全方位的综合价值。

传统的价值观念往往把产品价值等同于相应的货币价值，在这种价值观的指导下，许多企业仅关注产品的货币价值，制定价格时也仅从成本、竞争情况等方面考虑。但现有研究已经表明，消费者在对产品或服务进行价值判断时，会综合考虑多种形式的价值。除了产品的货币价值以外，崇拜、欣赏、舒适、惊喜、便利、尊重、归属感、个性化等都可能是消费者所期望得到的价值。因此，企业要想在竞争中获得先机，除了要满足消费者在物质层面的需求之外，还必须从文化价值入手，满足消费者在精神层面的多样化需求。

（2）了解把握消费者所需的文化价值。

消费者在购买产品或者服务的过程中所获得的价值感知是其个人

的一种主观感受，是在综合考虑了自己的付出和所得后，对某产品能给自己带来的效用的一种评估，他们以此作为未来购买决策的参考基础，这是非常主观的，甚至完全是潜意识在发挥作用。因此企业在定位产品的文化价值时，应当更多地基于消费者的角度，而不是企业的角度。如果企业希望能通过自己的产品为消费者增加价值，必须首先弄清楚消费者需要什么样的文化价值，真正有意义的文化价值创造必须是得到消费者认同的价值创造。

（3）针对消费者的价值感知做动态调整。

消费者会根据价值评估的参照系统对产品的价值进行评估，即消费者的价值感知会依赖于进行评估的背景。因此在不同的时间、地点，消费者对价值的感知会有所差异，这说明消费者对价值的感知是动态的。在一个时点上能大幅提高消费者价值的产品和服务，在另外一个时点上，在改变了的市场环境中，情况可能就会发生变化。同一消费者在同一件产品的不同使用阶段也可能有不同的价值感知。因此，对产品文化定价体系也应作出相应的动态调整，以持续地实现消费者价值的最大化。

2. 定价权的形成

产品定价权与产品的定价机制密切相关，是定价机制的核心和关键所在。产品的定价机制是指企业在制定产品价格时所遵循的规则、所实施的具体方法和所取得的实际效果。定价权是指企业在产品定价过程中对自身产品价格的制定拥有主动权，受市场需求变化以及竞争对手的影响相对较小。企业一旦拥有了定价权，就会在市场上处于优势地位，可以在确保产品销量的前提下制定出更高的价格，从而获得更加丰厚的利润，也可以在成本上升的情况下提高定价而不会影响销量。

产品的文化定价权指企业能够在有效地将文化因素融入产品定价的过程中，使得文化因素成为产品价格的有机组成部分，并通过提高产品的文化内涵来增强产品的竞争力，从而在市场上占据优势地位。产品定价权的获取建立在对产品定价机制的准确理解和清晰把握的基础之上，因而在讨论产品的文化定价权之前，必须先对产品的文化定价机制进行系统的梳理和总结。

在以往产品定价权理论的基础上，根据全球产品文化定价的发展和实践，首先对影响产品定价的文化元素进行了梳理和分析，然后系统探讨产品的文化定价权的形成，包括产品的文化定价实施的原则和方式，以及关于产品的文化定价权的影响因素，由此构建起产品的文化定价权形成的整体理论框架，如图 4-1 所示。

产品是传递文化的载体，也是获取产品的文化定价权的物质基础。提升产品文化价值的"动作"可贯穿于产品全生命周期。如图 4-2 所示，在产品的研发设计、生产制造、宣传推广、销售服务、使用收藏等各个阶段，产品会被赋予不同的文化内涵。相应地，与产品研发设计、生产制造、宣传推广、销售服务、使用收藏等相关的人、企业、地域、国家等的文化标签所蕴含的文化元素和内容也会传递到产品上。

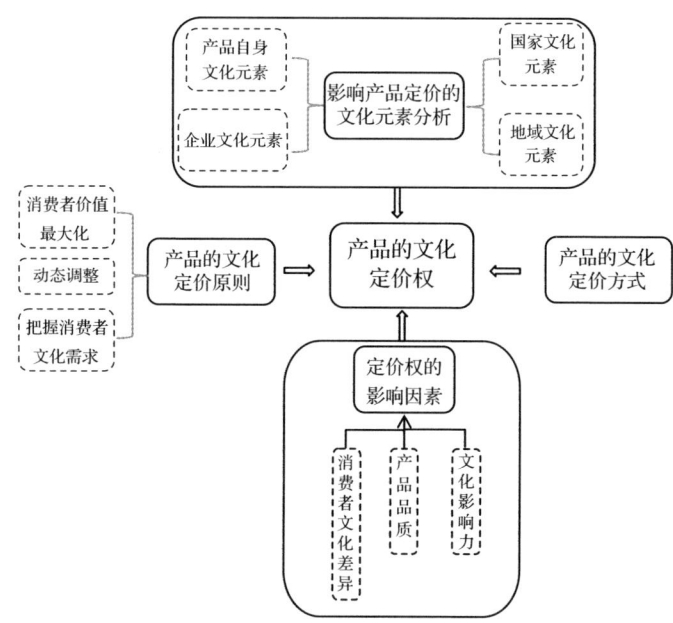

图 4-1 产品的文化定价权形成的整体理论框架图

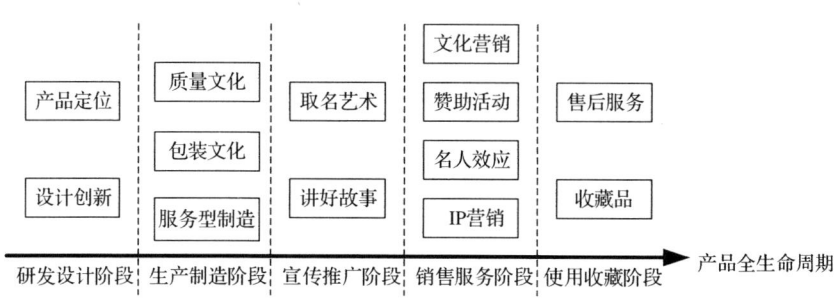

图 4-2 产品全生命周期中文化价值形成示意图

3．定价权的获取

考虑文化自身的特性，以及文化要素与其他生产要素在形态、价值构成方面的差异，我们认为对于产品的文化定价，采用以需求导向定价法为主的定价策略是比较合适的。因为文化作为一种精神层面的要素，其本身的价值存在难以定量核算、随市场需求变化而有较大幅度变动等特点。例如，影响产品的文化定价权的一些文化元素，并非由企业投入其他生产要素促成，而是由历史传承、传统文化、社会风俗、自然地理等因素促成。即使是基于人工设计和创造的一些文化元素，其文化价值也不能简单地用设计和创造过程中的人工成本加以核算，因此难以使用成本导向法进行定价。

竞争导向法多是企业间的产品在功能、品质、品牌等方面差异较小时所采取的定价方法，是一种追随竞争对手的定价而定价的被动式定价法。而文化元素的价值就在于能够使得引入文化元素的产品具有与其他企业产品相区别的独特内涵与魅力，从而在市场竞争中占有独特的地位。因此，如果仅仅按照竞争导向法进行定价而忽略了产品文化所蕴含的价值，就会背离进行产品文化定价的初衷，难以充分利用产品的文化内涵来实现文化溢价。

具体而言，消费者在购买产品时，一般会对产品的功能、质量、性能、外观、价格等有一定的认知，对其价值有基本的判断。因此，消费者的心理价位会以消费者对产品的价值判断为基础，在此价值基础上会有一定幅度的波动。产品提供的价值既包括使用价值，也包括文化价值。有关产品使用价值的研究成果已经非常丰富，这里不作展开；而文化价值是消费者的一种心理体验，其价值的判定应以消费者的价值认知为基准，即以消费者对产品文化价值的理解为依据，而不是按生产者的成本来定价。因此，对产品的文化定价就有很大的灵活性，定价空间也较大，其价值大小取决于产品所反映的文化价值能够在多大程度上与消费者的精神需求相契合。产品价格的最终确定应以消费者感受到的产品使用价值与文化价值的总和为依据。

　　企业在按照需求导向法进行产品的文化定价时，首先通过对消费者需求和偏好的分析，结合产品自身文化元素的特点和内涵，预估产品的文化元素能在多大程度上影响和吸引消费者，并对其在消费者心目中的价值大小进行初步的判断。通过文化元素的引入，影响消费者对商品价值的认知，使得消费者不仅仅根据技术、功能、质量等因素对产品进行价值判断，还会根据产品中所蕴含的文化元素对产品价值进行判断，从而形成对企业有利的价值观念。企业进而根据产品的生产成本、市场环境、企业的发展和营销战略等制定出包含文化元素的产品的价格。

　　通常而言，这类价格会给企业带来显著的文化溢价，从而使得其能够获得更为优势的市场地位和更为丰厚的利润。而对消费者而言，在产品种类不断丰富、产品竞争日益激烈的市场环境中，文化价值在产品价值中所占分量的增大将有助于给消费者带来更多的精神享受。

总之，需要进一步从产品策略、品牌策略、销售策略等方面最终获取产品文化定价权。企业通过有效引入文化元素，重构产品价值链，形成对手难以模仿的竞争优势，由此可在市场定价中掌握主动权。

产品文化定价权的获取过程如图 4-3 所示。

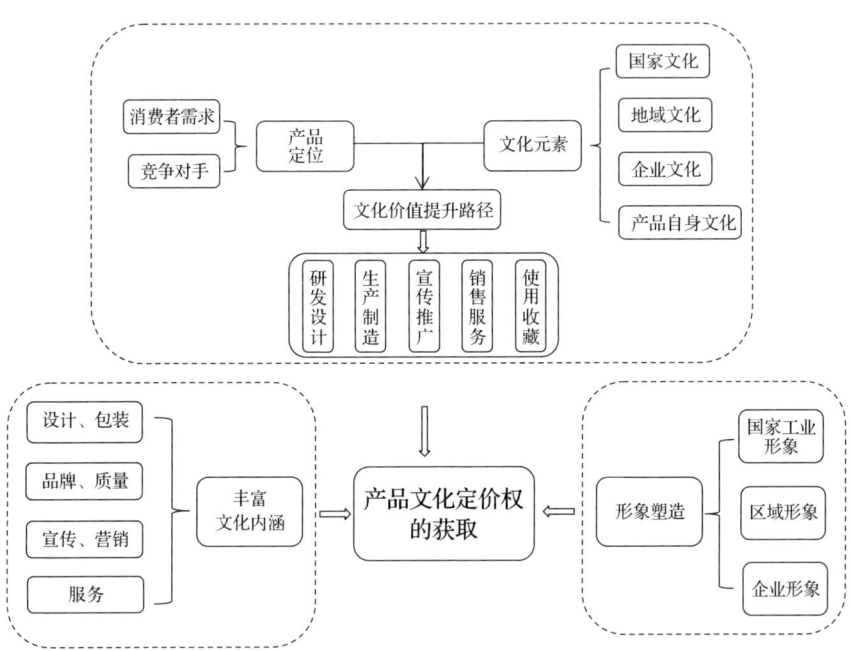

图 4-3　产品文化定价权的获取

第五章

产品文化价值的
提升路径

产品价值一般由使用价值、技术价值和文化价值决定。使用价值由产品提供的功能和用户的需求决定，技术价值可以通过研发投入成本测算确定，文化价值由产品的质量、设计、品牌、包装、宣传、服务，以及消费者的文化传统、生活方式、个人品位等综合因素决定。提升产品的文化价值及相应的经济附加值，是产品和产业迈向中高端的必由之路。下面从产品的研发设计、生产制造、宣传推广、销售服务和使用收藏等5个阶段，来探讨切实可行的产品文化价值提升路径，以实现全周期的产品文化赋能。

第一节　研发设计阶段

提升产品文化价值的活动可以贯穿于产品的全生命周期。在产品的研发设计阶段，主要从产品的文化定位和文化设计创新入手。对于产品的文化定位，需要通过深入的市场调查和分析，充分挖掘产品的文化内涵，主要从文化情调、文化功能、文化心理和文化精神等4个方面准确地做好产品的文化定位。对于产品的文化设计创新，则要紧密围绕所确定的文化定位，发扬创新精神，在设计中创造性地、有效地融入文化元素，以更好地提高产品的文化附加值。

1．产品的文化定位

（1）基本理念。

企业决定开发某款产品时，会就市场情况做产品定位，即确定产品在细分市场中的位置。把握市场就是把握消费者的消费心理，满足市场需要就是满足消费者的需要：既包括产品使用功能方面的需要，也包括产品文化功能方面的需要。

所谓文化定位是指针对某个消费群体的特定文化需求进行定位，比如针对某些消费者喜欢的事物、追求的品位、讲究的情调等偏好进行定位。

正确挖掘产品文化内涵是文化定位成功的关键。做好产品的文化定位要综合考虑 4 个方面：文化情调、文化功能、文化心理和文化精神。其中，对消费者文化心理的把握往往决定着文化定位的成败。所谓文化心理是指特定人群在一定的历史条件下形成的文化共识，只有把握好这种文化共识，才能满足消费者基于产品的文化心理，引发消费者的情感共鸣。

（2）实施策略。

实施要点在于明确自己的产品能满足消费者什么样的文化需求，同时与竞争对手相比较，自己的产品在满足这种文化需求方面能够提供什么样的差异化体验。离开了消费者的市场是抽象的，实施产品文化定位的目的就是要满足每位消费者对文化精神的需要。只有这样，才能在其后的文化设计中实现创新，使得所融入的文化元素成为产品竞争力的有效构成，促使产品在激烈的市场竞争中脱颖而出，而不是"为了文化而文化"。

具体可以参考以下策略。

一是对产品的目标市场进行细致的调查。产品的文化价值必须与目标市场的消费者文化相契合。通过市场调查和分析，充分了解目标市场的消费者文化，比如目标市场所在地的风俗习惯、文化环境、人口特征（包括民族、学历、人口比例等），以准确把握核心消费者的文化价值观。

二是发掘和打造企业产品与企业形象的文化内涵。这些文化内涵可以是蕴藏于企业发展过程中的内部文化，如企业的历史、产品的品牌等；也可以是蕴藏于企业所处地区、行业乃至整个国家所特有的外部文化，如产地文化、国家文化等。对于这些文化内涵要进行认真研究和深入挖掘，以便将这些文化内涵与产品文化定位进行有效的结合。

三是通过对比分析确定合适的文化定位。通过对比，找出产品文化与目标市场消费者文化的契合点，这个契合点就是实施产品文化定位的出发点。以此为基础做更加准确的文化定位，使产品文化兼具差异性和适宜性。差异性是指产品文化要显著区别于竞品，要有鲜明的特点；适宜性是指产品文化要与目标市场消费者的文化偏好相适宜。只有独树一帜且能够引起消费者共鸣的产品文化才能引起消费者的兴趣。

2．产品的文化设计创新

（1）基本理念。

设计不仅可以创造美的形态，还可以创造一种新的生活方式。优秀的设计是真善美的体现，承载了人类的精神滋养和心灵慰藉的重任。就现代工业设计而言，产品设计是整个研发设计阶段的核心工作，当产品功能趋于同质化时，产品的文化内涵就逐渐成为影响消费者购买的重要因素，而产品的文化设计正是体现产品文化内涵的关键环节。

以往的产品设计侧重于满足消费者的基本需求，主要从可用、实用、好用的角度进行设计，往往将产品设计等同于"工程＋市场＋人体工学"，而忽略了消费者在心理与精神层面上的需求。

然而，我们会发现，在每天使用产品的过程中，人们会逐渐接受由该产品带来的文化体验，而由这类产品促发的文化体验又会逐渐沉淀为人们固有的、具备艺术及文化属性的生活方式。可以说，现代的人们已经慢慢地接受了由产品技术创新带来的产品体验文化。例如，电视不仅仅是用来接收和播放图像和声音信号的，汽车不仅仅是用来代步的，手机不仅仅是用来通话的——它们无一例外地是因由技术创新而诞生的产品，在满足人们对其功能属性的物质需求的同时，也通过文化设计创新分别形成了独特的文化——电视文化、汽车文化、手机文化。

因此，产品的设计，不能只满足于技术上的创新，还要重视文化上的创新，以使产品的使用价值、文化价值和审美价值融为一体，给消费者带来全新的生活体验，引领新的文化风潮。

（2）实施策略。

在设计和开发产品时，根据产品的自身特点及目标消费者群体的文化背景和文化需求，将消费者认同的文化与企业所想要传递的文化价值观进行有效结合，使产品的设计和开发过程同时成为文化创造和塑造的过程。一旦通过独具特色的文化设计赋予了产品文化气息和情感色彩，使之与消费者的心理与精神需求相契合，就能够搭建起"企业产品—消费者文化需求"之间的沟通途径，就会影响甚至塑造消费者的产品文化偏好，为产品的销售开拓出广阔的市场空间。由于设计的核心是人，所有的产品设计开发其实都是围绕着人的需要展开的，因此产品设计不仅要满足人们在物质上对产品的需求，更要体现人文关怀，这是实施产品的文化设计、提升产品的文化附加值的根本所在，也是设计师的责任与担当。

具体可以参考以下策略。

一是遵循人性化的设计理念。就产品设计理论及其方法而言，实用性或功能性是产品设计最为基本的要求，也是产品设计的第一属性。正是从这个属性出发，产品才具备了一定的功能，使人与自然、与生活之间形成一道沟通交互的桥梁，而人可以通过产品来接触自然／生活、改造自然／生活、创造自然／生活，从而形成新的产品文化。既然产品都是被人所使用，产品设计都是为人而设计的，那么产品设计的过程实质上是创造人与物之间和谐关系的过程。因而，要实现文化设计的创新，就要在满足产品功能性需求的同时，充分挖掘消费者的心理与精神层面的需求，在确保消费者安全使用产品的同时，最大限度地提高产品的文化价值。

二是挖掘产品设计的文化内涵。在产品研发设计过程中，应明确设计理念，找准发力点，以品质为前提，将工业美学、传统文化、其他领域的元素及某种精神、价值理念等文化创意融入文化设计。倡导"产品就是艺术"的理念，在设计过程中不断创新，有意识地将符合消费者的怡情诉求、象征人们特有的审美情感、体现现代人的价值观、顺应大多数消费者的消费行为导向的文化内涵融入产品设计中，进而取得消费者对产品文化的价值认同，实现情感营销的高附加值。比如北京奥运会之后，我国不少产品的外观设计中都有祥云图案，知名动漫、游戏或电影的文化元素往往会出现在很多生活用品的外包装中。

三是吸收风格独特的地域文化。不同的地区有不同的地域环境、气候条件、经济情况、人文思想、民族习惯。例如，法国地处温带海洋性气候区域，气候适宜，工农业发达，因而造就了法兰西民族的浪漫情怀。人类社会经历了漫长的发展，沉淀了无数宝贵的文化元素，每个民族、国家或者区域都有其独特的风格。具体来说，这些元素可以来自物质文化和精神文化的方方面面，包括历史文化遗产、地方文化特产、民俗文化活动、自然休闲景观等。从这些文化中，都可以提取有价值的文化元素来融入产品设计中。比如元代"青花瓷器"，以其淡雅的颜色、温润的光泽、精美的纹饰而享誉海内外，成为中华文化的典型代表之一，于是很多设计师在设计产品时直接提取青花瓷中的"青花"元素作为产品的装饰，从而赋予产品那蓝白相衬的独特风格和清幽高雅的气质。

四是形成物质与精神和谐统一的产品文化。余秋雨认为，文化是一种包含精神价值和生活方式的生态共同体，它通过积累和引导来创建集体人格。就满足人们的需求而言，产品设计可以说是对产品本身的舒适、稳重、灵巧、趣味、性格、高雅、便捷等方面的直接反映，而产品设计的过程作为一种联结使用者与产品或企业的中介形式，实质上是多种因素的交流、对话和沟通的过程。通过设计活动，设计师将人类活动的自然化、物质状态的符号化、社会精神的大众化通过产品来呈现，从而实现了物质精神化与精神物质化的和谐统一。可见，产品这种"中介"形式，在满足大众物质需求的同时，也使得社会文化价值和个体文化价值实现了曲折而微妙的共存。

五是设计并创造企业自身文化。企业在产品研发和设计的过程中，不仅是对产品的功能进行设计，更要通过设计赋予产品一定的文化内涵，从而形成企业独有的产品文化体系，引领乃至创造消费需求。

同时，要通过产品研发设计来吸收先进理念、创新发展思路，进一步改进和完善企业文化，使消费者在使用产品的同时，能够产生丰富的联想，体验独特的企业文化，这对于提高消费者忠诚度、优化消费体验、增强企业发展能力至关重要。例如，2007 年，苹果公司在时任 CEO 乔布斯的带领下，推出了第一代 iPhone 产品。独具匠心的创新设计，使得 iPhone 不再仅仅是一款电子产品，而是一种精品文化的代表。iPhone 创造了触感式操作，给用户带来前所未有的体验，成为一款具有划时代意义的产品。

第二节　生产制造阶段

在产品的生产制造阶段，可以从质量文化、包装文化和服务型制造等方面入手，提升产品文化价值。质量文化的提升是产品品质提升的前提，也是承载产品文化内涵的必要条件，因为产品质量形成与优化的过程是物质生产加工的过程，更是文化思想意识凝聚的过程。产品包装是展示产品内涵和吸引消费者关注的有效手段，企业可以从包装材料的选择、包装款式和图案的设计入手，将艺术性、独特性、区域性等多种文化元素融入其中，体现出独具特色的包装文化，从而更好地满足消费者基于文化认同的审美需求。服务型制造的发展使得个性化定制服务在实现规模化生产之后又成为可能，消费者可以根据自己的意愿和偏好，向制造企业提出定制需求，获得个性化的产品，从而满足其量身定做、彰显自我的心理与精神层面的需求。

1．质量文化

（1）基本理念。

质量是企业的生命，它对企业的重要性不言而喻。在日益激烈的市场竞争环境中，企业所做的一切努力都是为了改进产品质量，满足消费者的需求。

质量是指产品满足规定需要和潜在需要的特征和特性的总和，它既是科技创新、资源配置、劳动者素质等因素的集成，又是法治环境、文化教育、诚信建设等方面的综合反映。质量文化是指以近、现代以来的工业化进程为基础，以特定的民族文化为背景，群体或民族在质量实践活动中逐步形成的物质基础、技术知识、管理思想、行为模式、法律制度与道德规范等因素及其总和[①]。

海尔集团（以下简称海尔）是一家全球化的家电生产企业。在海尔发展的早期发生过这样一个有关质量文化的著名事例：大概在 1985年，一位用户反映海尔冰箱有质量问题，海尔创始人张瑞敏听说并调研确认后，召集员工开会，当众砸毁了 76 台有缺陷的冰箱。当时物资匮乏，砸毁的 76 台冰箱让很多员工心疼不已。但张瑞敏认为，如果"放行"这些产品，就谈不上质量意识，企业将很难获得长远发展。这一记重锤从此"敲醒"了海尔人的质量意识，促使海尔在漫长的企

---

① 王新哲，孙星，罗民. 工业文化 [M]. 北京：电子工业出版社，2018.

业发展中形成了自己独特的质量文化和品牌价值。

就员工个体而言，产品质量的形成与优化过程既是自己技术能力的体现，更是文化思想意识的体现。例如，是否真正认识到质量对企业的兴衰发展有着至关重要作用，是否用一丝不苟、认真负责的精神对待生产过程中的任何质量缺陷，是否把自己的工作价值观升华到向社会消费者提供安全可靠、有良好使用价值的产品和服务上……这就是质量文化的具体表现。

就企业而言，质量文化是企业在长期生产经营实践中，由企业管理层倡导、职工普遍认同的，逐步形成并相对固化的群体质量意识、质量价值观、质量方针、质量目标、采标原则、检测手段、检验方法、质量奖惩制度等的总和。比如中国航天的零缺陷质量管理思想，就是从不同层面强调管理要追求完美。在全球生产制造水平达到一定程度之后，质量文化开始兴起。

案例

美国的质量文化

美国自二战以来就是世界公认的超级经济强国，技术先进，管理一流，但如此强大的美国却在 20 世纪 80 年代遭受到日本产品强有力的冲击。日本产品质量迅速提高，迫使美国大力研究日本企业成功的秘诀，现代质量文化研究就是在这个过程中开始兴起的。20 世纪 70 年代后期，日本的经济增长率为美国的 4 倍，1981 年，美国对日本的贸易逆差高达 180 亿美元，达到历史最高水平，占到了美国贸易赤字总额的 45%。然而打败美国的不是日本的国力，不是日本的技术，而是日本产品的质量。而质量只是表面现象，真正的关键是隐藏在质量背后的质量文化。

在震惊于日本经济飞速发展之余，美国人开始思考是什么力量促使日本的经济迅速恢复并持续增长。于是，美国在 20 世纪 80 年代初派出专家考察团前往日本，在进行了大量的比较分析后，找到了原因。专家们发现，美国倾向于战略策划、组织结构、规章制度等方面的"硬管理"，缺乏对人的重视，不够人性化，因而管理僵化，阻碍了企业活力的增强。研究还发现，管理只是美国落后日本的表面原因，而真正原因是对企业文化控制的差异。日本经济的崛起，是因为在日本企业内部有一种巨大的精神因素在起作用，这就是日本的质量文化。

美国的企业家们这才不得不开始对质量文化的建设予以重视，开发了很多相关项目。其中，最著名的项目是美国摩托罗拉公司提出的"6σ"（俗称六西格玛管理）。

美国摩托罗拉公司在与日本企业的竞争中，先后丢失了收音机、电视机、半导体等市场，到了 1985 年甚至濒临倒闭。

面对残酷的竞争和严峻的生存形势，摩托罗拉公司认真分析原因后，发现产品质量落后于日本是其失败的一个重要因素。为此，摩托罗拉公司推出了一套名为"6σ"的质量管理概念。这种新型的管理方式主要是通过设计和监控过程，将差错率降低到最小，从而使企业可以做到质量与效率最高、成本最低、周期最短、利润最大，最终全方位地让顾客满意。"6σ"一经推出就取得了巨大的成功，使摩托罗拉的销售额增加了5倍，利润每年增加约20%。

"6σ"不仅是一种改进质量的技术手段，更是一种卓越的质量文化。在摩托罗拉公司成功后，通用电气、戴尔、惠普、西门子、索尼、东芝等众多跨国企业纷纷学习效仿，实践证明"6σ"是卓有成效的。自此"6σ"成为全世界追求卓越管理的企业最为重要的战略举措，直到今天其研究热潮仍然不减。

（2）实施策略。

质量文化对产品质量的影响是决定性的。企业质量文化的提升是产品质量提升工程的"排头兵"，也是最终实现产品质量提升的必要条件，只有企业员工做到"人人参与质量、人人关注质量"，时刻谨记"质量在我心中、质量在我手中"，在产品质量提升的道路上做到"精益求精、持续改进"，产品质量才有可能更上一层楼。

具体可以参考以下策略。

一是不断强化质量意识，更新质量观念。建设企业质量文化首先要强化经营者的质量意识，企业经营者在质量文化建设上的引领作用是员工代替不了的。其次，要营造良好的质量文化氛围，通过质量文化引导员工并培育共同的质量经营理念，从而引导整个企业在质量追求上齐心协力、步调一致。如果企业在质量文化上有正确的引导，员工就会于潜移默化中接受并形成共同的质量观念。显而易见的效果，就是企业对产品质量的评价，从原来的只要求符合技术标准的"符合性"，转为更要适合用户需求的"适用性"。

二是树立以市场竞争为目标的用户至上思想。质量文化建设的核心是要创造出共同的价值观念。以人为本、用户至上的质量文化可以在企业内部建立起有共同质量价值观的质量目标，能把各方面、各个层次的人都团结在企业的周围，使员工有主观观念和客观目标上的准绳和方向，从而形成巨大的精神力量，激励员工在整个生产经营过程中表现出更大的主动性和创造性，朝更高的质量目标努力。同时，确保每个员工所做的贡献都会及时得到赞赏和奖励，由此激励员工为完成自我价值和促进企业发展而积极进取、勇于献身。

三是重视对员工的质量文化教育。产品质量的好坏与企业每个员工的工作质量亦有直接关系。许多企业有先进的技术、一流的设备和现代的管理手段，但如果没有高素质的员工队伍，也难以生产出高质量的产品。因此，对员工的质量文化教育可以说是企业最有效的投资，而且在一定程度上是带有强制性的。

四是准确把握质量文化与技术进步的关系。众所周知，提高产品质量往往离不开高科技，企业依靠高科技获得高质量，进而以高质量获得高效率和高效益。因此，要充分认识技术进步与产品质量的密切关系，要形成以高科技引领发展的质量文化氛围，加大产品质量保障力量的投入。在新产品开发中，尽量采用新的科学原理、新的工艺技术、新的检测手段，充分展示产品的技术含量和文化内涵，整体实现产品的品质提升、价值提升、效益提升。

五是加强企业管理，提高质量文化管理水平。科学管理和技术进步是企业发展的两个轮子，也是企业提高产品质量的两大举措，两者缺一不可。作为一个组织，企业常常需要制定出许多规章制度来保障产品和工作的质量，这当然是完全必要的，但即使有了千万条规章制度，如果质量文化管理水平不高，员工的质量意识不强，那么再齐全周密的规章制度也很难规范到每个员工的行为，因此质量文化管理水平的提升至关重要。

案例

中国航天零缺陷质量管理

零缺陷理论由被誉为"全球质量管理大师"的菲利浦·克劳士比（Philip Crosbyism）于20世纪60年代初提出。该理论最先在美国推行，后来传至日本，并在日本制造业中得到了全面推广，助推其产品质量迅速提高。零缺陷理论的宗旨是从不同层面强调管理要追求完美，主张发挥人的主观能动性来进行经营管理，生产者、经营者要努力使自己的产品、业务没有缺点，并向着高质量标准的目标奋斗。

中国航天事业起步于 1956 年，经历了从无到有的艰难历程。20 世纪 90 年代，中国航天发射接连出现多次重大失利。经过深刻反思，中国航天提出了一套适合自己的质量问题归零方法，这是在航天技术要求越来越严苛，系统越来越复杂，规模越来越庞大，而当时的技术水平、管理能力已严重制约了航天事业发展的背景下提出的。质量问题归零方法的基本内涵是对症航天产品在设计、生产、试验、服务中出现的质量问题，从技术管理上分析产生的原因和机理，并采取纠正和预防措施，以避免问题重复发生。

零缺陷理念体现出中国航天质量文化的精髓，它的核心是"双五条"：一是技术归零五条要求，即定位准确、机理清楚、问题复现、措施有效、举一反三；二是管理归零五条要求，即过程清楚、责任明确、措施落实、严肃处理、完善规章。

此后，中国航天发射成功率大幅提升。2011 年 11 月 3 日，神舟八号飞船与天宫一号目标飞行器实现刚性连接，形成组合体，中国从此成为继美国、俄罗斯后世界第三个独立掌握无人和载人空间对接技术的国家。2021 年 4 月 29 日，长征五号 B 遥二运载火箭搭载空间站天和核心舱，在海南文昌航天发射场发射升空；同年 6 月 17 日，神舟十二号载人飞船发射入轨，随后 3 名航天员进入天和核心舱，这标志着中国空间站在轨组装建造全面展开。

航天领域是一个风险极大、难度系数极高的领域。为了实现"零缺陷"，中国空间站的建造者倾注了极大的心血，他们的口号已经不只是"万无一失"，而是"一失万无"，因为一旦失败，就什么都没了。

2．包装文化

（1）基本理念。

随着时代的发展和进步，人们的物质与精神文化需求日益增长，对产品包装设计的要求也发生了变化——不再只是关注其物理保护功能，而是越来越关注其文化内涵。这对产品包装设计提出了更高的要求。因此，需要对产品所蕴含的人文气息和历史色彩进行周密考虑和精心设计。

显而易见，包装是传递文化信息十分有效的媒介。在进行包装设计时往往会利用一些特定形象彰显相应的文化信息，使得产品包装体现出一定的文化寓意和内涵。特别是在现代包装设计创新发展的背景下，越来越多的人开始探究设计和文化间的密切关系，认识到人的文化需求，注意在包装设计当中凸显文化性，传达丰富的文化信息，满足消费者的文化认同需要和审美需要[①]。

此外，得益于智能科技的不断发展与应用，产品包装不再只承担着保护商品这项单一功能，而是成为万物互联的桥梁和载体。例如，会"讲故事"的包装设计理念突破传统思维，让包装具有了多种功能：将近场通信（NFC）、射频识别技术（RFID）、信息码、增强现实（AR）技术等整合于产品包装上，以便防伪溯源、收集信息等，从而增强了物流管理、安全管理和品牌宣传等功能。

（2）实施策略。

产品包装是产品功能特性和文化特质的重要表现渠道，通过对产品进行巧妙的包装，能充分体现企业的文化内涵，提升文化品位，营造文化气息与氛围，从而建立起产品与消费者文化需求的联系。要凸显包装文化，除了可以从包装材料的选择、包装款式和图案的设计等方面入手，还可以融入艺术性、独特性、区域性等文化元素。

具体可以参考以下策略。

一是设计的艺术性。包装设计实际上也是一种重要的艺术构成，因此彰显艺术美感是设计过程中必须秉持的原则。艺术性表现实际上

---

① 谢迪. 产品包装设计的文化性特点分析 [J]. 戏剧之家 , 2019(2): 240.

是蕴含了文化性的表达，带有深刻的文化性特征，由此可激发消费者相应的审美情趣，使之对产品产生浓厚兴趣，从而帮助企业获得良好的文化宣传效果。

二是文化的独特性。注重展现独特的文化内涵，同样也是产品包装设计文化性的一个重要体现，也就是在设计当中会根据产品的具体需要体现差异化的文化意蕴和内涵，凸显产品的文化特征和文化价值。

三是区域文化元素的强化运用。区域文化元素是优秀民族文化的具体体现，也是产品包装设计当中要优先考虑的要素，因为区域文化元素既是优秀历史文化的载体，又有着多元化的引申含义，可以寄托丰富的表现内容，让产品包装设计的内涵得到拓展。比如我国云南地区出产的普洱茶，因其独特的保健功能和悠久丰富的文化内涵而备受市场青睐。而云南大理的普洱茶包装设计大多以当地白族的传统图案作为设计原型，并结合其他文化元素进行创新设计。这样既能够提高产品的辨识度，又能够向消费者传递地方文化特色，起到了很好的文化营销作用。

案例

酒瓶文化

酒器是酒的包装和载体，随着酒的产生而产生，自古有之。一般来说，盛酒的器物和饮酒的器物称为酒器，酒瓶作为盛酒的容器只是酒器的一种①。

酒器一般分为天然材料（竹、木、兽角、葫芦等）酒器、陶制酒器、青铜酒器、漆制酒器、瓷制酒器、玉制酒器、金银酒器、玻璃酒器、锡制酒器、不锈钢酒器、铝制酒器、塑料酒器、纸质酒器等。酒器不仅是酒的载体，更是酒文化及其自身艺术的体现。酒器集酒艺、历史、陶艺、瓷艺、绘画、书法、民俗、礼仪等内容于一体，观赏价值高，装饰效果好，以致有"未醉于酒，先迷于器"的效果。

"卖酒就是卖文化"，当今酒器文化的主体就是酒瓶文化。酒瓶文化是推动酒文化发展的动力之源。酒瓶不仅是酒的载体，也是酒文化的载体，是酒文化历史发展的见证。精美、大气、特点鲜明的酒瓶，不仅能够在聚会小酌中为宾客带来美的享受，成为宾客们饭前饭后的谈资，也成为一份留存在宾客脑海中美丽精致的记忆。因此，酒瓶作为具有物质和精神双重属性的产物，对推动酒文化的发展，发挥着原动力的作用。

酒瓶分为普通酒瓶和工艺酒瓶。工艺酒瓶是当下酒瓶文化的集中表现，它是一种特殊的工艺品，自然界里的各种物

---

① 元小明. 酒瓶文化，个性化定制的蓝海 [N]. 华夏酒报，2015-02-03.

品、人物、动物、植物的造型，几乎世上所有可见之物，都可以用酒瓶塑造出来，酒与器已进入个性化需求时代。鉴于此，个性化的定制酒便应运而生，成为一种应对消费变化的好方法。定制酒主要分为标准化定制和个性化定制两种。无论何种定制，酒瓶是最重要的考量之一，有了自己心仪的酒瓶，才能在酒瓶的基础上植入个性商标、个人介绍、个人或企业照片等文化元素。因此，酒企的个性化定制必须要满足消费者的多样化需求，甚至连酒瓶的外形都可以进行个性化设计。

和世界上绝大多数的定制产品一样，一款成功的定制酒也应该遵循这样几个特征：稀缺性、复杂性、综合性、私密性、艺术性、增值性。这就使得消费者不仅仅是在消费一款酒产品，同时也是在品味一门艺术、消费一种文化、享受一种服务。

3．服务型制造

（1）基本理念。

进入 21 世纪，一场新的产业变革发生了：主要发达国家纷纷提出基于数字化、网络化、智能化的工业生产方式，制造业和服务业之间的界线变得模糊，"制造即服务"成为所追逐的理念和模式。无论是德国工业 4.0，还是美国的工业互联网，它们的核心思想都是通过有效的技术和管理手段，推动制造业从大规模生产转向柔性化、定制化生产，以更为精准、高效地满足消费者的个性化需求。

传统观念认为，制造就是生产加工。实际上，生产并不等于制造，制造包括生产和服务两部分。过去，由于工业供给能力有限，基本上是工业供给什么，消费者就消费什么。现如今，自动化生产技术已基本实现全球性的普及，无人车间、无人工厂这种低劳动成本的生产模式也开始遍地开花，工业供给能力和效率前所未有地提高，成本在逐渐降低。然而，对于企业来讲，供给能力提升对应的是有限的市场和更加挑剔的消费者，为使消费者购买自己的产品，很多企业采取将消费者纳入生产组织过程的办法，力求使消费者对产品产生黏性，这也令消费者所拥有的文化元素融入企业、融入产品，从而促成了今天的服务型制造。

当消费者逐渐成为产品全生命周期中真正的参与者和决策者时，服务型制造这种新的产业形态模式必然会产生。服务型制造是为了实现制造价值链中各利益相关者的价值增值，通过产品和服务的融合、客户全程参与、企业协同提供生产性服务和服务性生产，实现制造资源的整合和各自核心竞争力的高度聚合，达到高效创新的一种制造模式，其具体特征如下。

第一，在价值实现上，强调由以传统的产品制造为核心，向提供具有丰富服务内涵的产品和依托产品的服务转变，直至为消费者提供整体解决方案。

第二，在作业方式上，由以产品为核心转向以人为中心，强调消费者、作业者的知识融合和认知整合，通过有效挖掘服务制造链上的需求，实现个性化生产和服务。

第三，在组织模式上，覆盖范围超越了传统的制造及服务的范畴，让不同类型主体（消费者、服务企业、制造企业）主动参与服务型制造网络的协作活动，在相互的动态协作中自发地实现资源优化配置。

第四，在运作模式上，强调主动服务的文化，主动将消费者引进产品制造和服务的过程，主动发现消费者需求，展开针对性服务。企业间基于业务流程协同合作，主动实现为上下游客户提供生产性服务和服务性生产，共同创造价值。

具体来说，制造企业的价值创造过程包括产品的研发设计、原材料和零部件采购、局部装配和总装、营销、零售、售后服务、产品的回收处理等，以及相关的辅助性活动，从而构成制造企业的价值链，如图 5-1 所示。在价值链的每一个环节，都可能为用户创造额外的价值。因此，具体的服务型制造模式是多种多样的，它可以是制造企业价值链各个环节与用户的互动，由此衍生出额外的高级服务活动，也可以是多个环节的组合与用户的互动，从而形成更为复杂的价值增值服务[①]。

---

① 李晓华, 刘尚文. 服务型制造内涵与发展动因探析 [J]. 开发研究, 2019(2): 94-101.

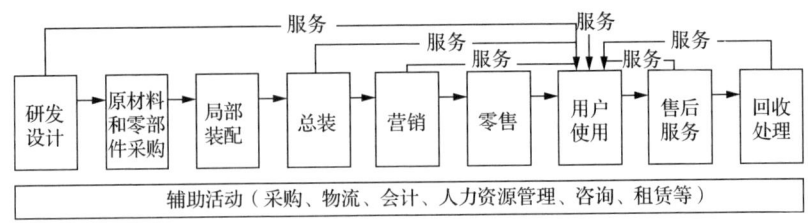

图 5-1　制造企业的价值链与服务型制造模式示意图

个性化服务就是服务型制造的一种典型应用场景。过去,在工业产品供给能力弱的阶段,产品消费者和产品生产者之间属于弱关联,产品生产者为追求产量,根本不会过多地考虑消费者的需求。然而今天有竞争力和生命力的企业,都会充分考虑消费者的需求,让消费者参与生产的各个环节,并积极地响应消费者的各种诉求。

工业中的服务文化历史就是人类体验升级的历史。在最早的流水线生产时代,产品的物理功能可能就是一切。在工业化的漫长岁月中,售后服务、产品使用和维修手册,成为一个典型工业品的标配。今天,工业进入服务型制造时代,服务理念开始贯穿产品的研发、设计、生产、销售、使用的全生命周期。

案例

汽车个性化定制

工业互联网建设的铺开和数字经济的繁荣,加快了服务型制造的发展,使得个性化定制逐渐受到人们的青睐。个性化定制有助于企业通过更好地与消费者沟通来满足消费者精神层面的需求。未来在产品制造过程中，追求新体验的个性化服务会逐步成为制造文化的重要构成部分。在汽车领域，人们开始从重视使用功能的传统消费转向满足时尚体验的新型消费。汽车不仅仅是日常出行代步的工具，更是人们享受生活和沟通情感的重要载体。年轻人对传统、中庸的经典汽车设计不再感兴趣，更关注时尚、运动、个性化的青春元素。为迎合消费者新的需求，许多汽车企业纷纷重构产品价值理念，为消费者提供更具个性化、智能化、高品质的汽车新消费体验。

汽车产品个性化定制指汽车产品生产制造企业按消费者需求，对车身材料与外观颜色、内饰材料与颜色、轮辋造型与颜色，以及动力、制动效果、外观套件等进行定制生产与组装，以满足消费者对车辆的个性化需求。汽车个性化定制的流程主要包括消费者选配定制、信息发送至汽车生产企业、进入柔性制造生产线、消费者到汽车销售店提车等环节。奔驰、宝马等豪华品牌，定制化程度较高，而劳斯莱斯、宾利等高端品牌甚至已依靠纯手工制造工艺实现真正的个性化定制，其提供的定制内容主要有车身外观、配件、内饰、颜色、材质等。一般来说，售价越高的车型，其定制化的溢价能力越强，豪华品牌溢价水平为 12% ~ 20%，普通品牌则难以达到 10% 的溢价[1]。

---

① 唐义德，郁淑聪，孟健. 汽车产品个性化定制模式发展趋势研究 [J]. 时代汽车，2019(11): 21–23.

（2）实施策略。

服务型制造是全球产业分工和信息技术变革的制造业新形态，它形成了新的服务模式和服务文化，契合经济发展中"以用户为本"的思想，重构了企业与用户的商业关系。传统的产业界限是在物理距离、生产条件有限的情况下形成的，但信息技术的发展加速了企业打破和跨越传统的界限的可能性，一条以用户为中心的产业链、价值链和创新链正在形成。

服务型制造的重要作用之一就是提高制造企业的附加价值和利润率。例如，通过加强制造环节上游的研发设计服务，可以改进产品的设计、技术和质量，使产品具有更大的竞争优势；制造环节下游衍生出的在线监测、全生命周期管理、信息增值等服务活动，也都更具个性化，使制造企业形成差异化优势，产生了高附加值，其在整体营收中的比重也随之增大。

具体可以参考以下策略。

一是个性化定制。技术演进使得用户拥有更大的话语权和主导权，消费者正逐渐成为产品全生命周期真正的参与者和决策者，这种服务体验已经从消费者参与产品定义、整个制造过程可视化，逐渐发展到个性化售后服务的全链条。这类企业案例包括海尔电器、尚品宅配的 3D 全屋定制、红领西服定制、长安汽车 C2M 在线定制、顾家家居等。

二是构建面向行业化的线上到线下（Online To Offline，O2O）服务平台。传统的家电制造，一旦产品制造出来，基本上供应链和价值的贡献就不会再发生变化了，而现在 TCL 通过 O2O 平台，在产品、渠道及物流服务模式方面进行了重构。新的 O2O 平台体系已经整合酷友电商、速必达物流、客音服务等 3 家企业，拥有 4 万多个线下销售终端，以及多个京东、天猫、官网线上销售平台，实现一线至五线城市用户的全覆盖、全到达。在"产品 + 服务"新商业模式下，这一平台体系为 TCL 抢夺了流量入口并增强了用户黏性。

三是专注供应链的专业化、社会化服务。这需要对采购、物流、金融、质量等资源进行整合，提高产品交易效率及供应链专业化、社会化服务水平。例如，红狮水泥由传统水泥生产向电商转型，现已部署水泥建材电商、货车运力交易、供应链仓储、供应链金融等四大互联网平台。

四是基于核心技术和品牌的网络化协同制造。企业聚焦核心技术研发和品牌塑造，通过互联网整合制造资源，与产业链各环节紧密协同，外包生产加工环节，形成生产制造网络，而自身发展成为轻资产的产品和综合服务提供商。比如，中国商飞 C919，其涉及的零件、设备、部件、部段的数量以百万计，因而其就航电、飞控、电源、燃油和起落架等核心机载系统的建设成立了 16 家合资企业，构成了一个很庞大的生产协同网络。

五是打造行业创新云平台。龙头制造企业有必要借鉴平台模式，通过整合行业资源，培育产业生态圈，打造行业的云制造服务平台，通过云平台把行业的上下游整合在一起，进行市场需求的集聚与对接，形成行业服务联合体，提高产业链资源整合能力。如海智在线是制造业的创新云平台典型，为零部件制造商提供了订单对接、生产线改造、数字云管理、供应链金融等服务。

六是制造业共享经济的实践。移动 App 和互联网信息技术降低了资源共享成本，提高了资源共享的及时性，使得车子、设备、时间、创意等获利式共享成为可能。

案例

红领个性化定制生产模式

青岛红领集团（以下简称红领）创建于 1995 年，是以生产经营中高档西服、西裤、衬衫等男女正装产品为主的民营企业。从 2003 年开始，红领用 3000 人工厂做试验室，以欧美市场做验证，探索"互联网＋个性化定制"的产业实践。经过 10 多年努力，建立了 C2M（Customer-to-Manufacture，消费者对工厂）跨境电商定制直销平台，完成了企业销售运营、组织架构、生产体系的改造，将传统的"同质化产品的批量生产模式"整体转型为"个性化产品的大规模定制模式"。红领的成功转型，吸引了国内外大量的企业、政府部门、科研机构等前来参观学习。红领互联网转型的成功经验可以归纳为以下几个方面。

一是独创一套"互联网＋个性化定制"的解决方案。红领将互联网与物联网融合应用，把"先产后销的高库存模式"转变为"先销后产的零库存模式"，把C2B2B的中间商模式及B2C的商对客零售模式转变为C2M模式，即消费者需求驱动工厂定制直销，从而创造了一套大工业流水线规模化生产个性化定制产品的解决方案，并将这套方案完善为"传统企业升级改造为互联网企业的解决方案"。

二是用"消费者需求"直接驱动制造企业的有效供给。现在零售的产品越来越贵，是因为厂家将库存、渠道和商场等中间商加价、营销费用分摊给消费者。红领依托C2M平台，实现从产品定制、交易、支付、设计、制作工艺、生产流程、后处理到物流配送、售后服务全过程的数据化驱动和网络化运作。消费者下单后，工厂才进行生产，没有资金和货品积压，运营简单，实现了"按需生产、零库存"，可以最大限度地让利给消费者，而消费者也无须再分摊中间成本。定制生产在成本上只比批量制造高10%，但收益却能达到其两倍以上。

三是用工业化的手段进行定制产品的大规模制造。红领把互联网、物联网等信息技术融入大批量生产中，在一条流水线上制造出灵活多变的个性化产品。消费者从电脑、手机等信息终端登录红领 C2M 平台，在线自主选择服装的面料、款式、制作工艺（其中面料有 3 万种；款式有 540 多个大类，每个部位都有多种选择，具体到纽扣、缝纫线的颜色；制作工艺有机器和手工，刺绣部位可自主选择等）。消费者定制需求在线提交，C2M 平台自动生成订单信息，通过红领自主研发的一体化信息系统连接智能工厂，实时接收订单进行生产。过去只有少数人穿得起的"贵族定制"，变成了老百姓也买得起的大众定制。

四是数据驱动的智能工厂和产业链协同。定制化生产过程中的所有信息传输全部数字化。订单数据进入红领自主研发的版型数据库、工艺数据库、款式数据库、原料数据库进行数据建模，自动转化为生产数据。C2M 平台在生产节点进行任务分解，以指令推送的方式将分解任务推向各工位。生产过程中，每件产品都有专属芯片且伴随生产的全流程。每个工位都有专用终端设备，从互联网云端下载并读取芯片上的订单信息。基于物联网技术，多个信息系统的数据得到共享和传输，打通了信息孤岛，打破了企业边界，多个生产单元和上下游企业通过信息系统传递和共享数据，实现了整个产业链的协同生产。

五是满足以消费者需求为中心的管理思想和组织形态。红领的互联网转型中，以"满足消费者需求"为中心的管理思想贯穿始终。将原来有官僚作风的部门转变为提供资源的平台，对组织进行"细胞化"重塑，打破原来的部门、科层，去领导化、强组织、自组织。平台上每一个岗位就像是一个细胞，以提高消费者最佳体验和满足消费者需求为中心，并以利润最大化作为其绩效的主要指标。

六是将制造环节变成价值最高的环节。在传统商业模式中，制造环节投入多、利润薄，为争夺有限市场进行价格战，产品品质没有保障，处于价值链的最底层。红领将设计、制造和销售整合在一起，消费者与制造企业直接沟通，消除各种中间环节，同时以创新平台做"人人研发设计"，以电商做渠道，使制造环节不再受制于人。此时，微笑曲线反转，制造环节变得尤为重要，因而形成巨大的利润空间。

第三节 宣传推广阶段

在宣传推广阶段，产品文化价值的提升主要取决于企业为促进产品销售而附加在产品上的文化元素，不同内容的文化元素和不同的附加方式带来的增值效果有较大差异。为使附加在产品上的文化元素产生尽可能大的增值效果，企业一般会聚焦目标市场及消费者，以进行更加精准的文化定位。比如对于奢侈品，相关企业不需要更多的消费者购买这类产品，但却需要有稳定、消费能力强的消费群体持续购买其产品，因而所附加的文化元素须满足拥有较强消费能力并具有特定文化价值诉求的某类消费者群体的特色文化消费需求。例如，当今很多奢侈品的推广活动，都要花费巨资邀请各界具有影响力的人士参加，主要目的就是要将奢侈品打造成社会地位、身份、自我价值实现等的象征。

1. 取名艺术

（1）基本理念。

一个优美动听、朗朗上口的好名字，是企业创立品牌的基础。产品有个好名字，可以快速引起消费者的注意，从而在众多的新产品中脱颖而出；倘若取名不当，会让人不感兴趣，甚至唯恐避之不及。因而，给产品取个好名，无疑是在产品与消费者之间架起一座桥梁。因此，为新产品取名，既要追求传播效果，以利于宣传，借以扩大知名度；又要讲市场效应，以利于营销，增强消费者对本企业、产品的好感。产品名字在好读、好记、好看、好听，令人过目不忘的同时，也会在无形中激发消费者的购买欲望。

案例

年份原浆命名始末

1997年爆发的金融危机使得亚洲消费市场疲软，中国白酒行业受此影响，白酒产量从最高峰的801万千升下降至

2002 年的 380 万千升，全行业净利润总额仅为 32.43 亿元。曾经风光一时的各大名酒企业均陷入经营困境，古井集团（以下简称古井）也不例外。为了摆脱当前危机，尽快提升白酒销量，在那一时期主持古井营销工作的梁金辉认为，公司存在"资源匮乏、市场分散、产品多乱"的局面，必须实施"聚焦战略"和"减法理论"，通过在全国范围内推广主打产品，实现产品聚焦。

产品是品牌的载体，一个强大的品牌，必须要有主导产品作为支撑。但如何改变现有产品的格局，重振古井贡酒品牌的雄风？梁金辉经调研后发现，大多数消费者饮酒时最关心的是产品品质。酒是陈的香，原汁原味的原浆酒最受青睐。恰巧古井首创的年份酒和原浆酒在市场上运营多年，口碑良好。2008 年 5 月，梁金辉将年份酒和原浆酒的优势结合起来，取名"古井贡酒·年份原浆"，目的就要打造一款让老百姓记得住的核心战略产品。

年份原浆酒自研发之初就被寄予厚望，其包装、工艺、技术、品质等各方面实现了极大突破。年份原浆酒的酿造以优质的高粱、大米、小麦、糯米、玉米为原料，传承"九酝酒法"，采用"无极之水""桃花春曲"等，在"明清窖池"等传统老窖中用传统工艺酿造而成，通过"择层取醅"和"择时摘酒"等方法，历经 128 道手工酿造工序，得到最精华的原酒，然后在地下酒库恒温窖藏，使其自然老熟，最后根据原酒窖藏年限，经过国内顶级白酒大师精心调制，形成香味谐调、醇香怡人的"年份原浆酒"。

在年份原浆酒瓶的造型设计上，古井人也下足了功夫。酒瓶颜色以黑色作为主色调，黑色是生命的原色，又是汉代皇家用色，代表厚重大气、内敛神秘，代表一种包容万物的情怀。酒瓶形状则像印玺，古人说"印者，信也"，用了印的文书，就是一种承诺，代表一种信用，更预示着喝年份原浆酒的人，事业顺利，家庭和睦，一切稳，一切顺；瓶体敦实稳重，寓意家庭稳、事业稳、人生稳，稳稳当当；瓶头像冠帽，"瓶标"像古代文武官员的补子，而蟠龙瓶身像锦袍，象征着喝年份原浆酒的人步步高升、紫气东来，有大富大贵之意。此外，还采用专门为酒瓶研制的玻璃喷涂技术，使酒瓶具有陶瓷瓶的美观和手感，而且成本较陶瓷瓶低。

在酒体设计上，为了能够提供给消费者舒适、满意、放心的产品，古井的研发部门分别选取了南北方有代表性的城市作为样本，随机抽选了重度和轻度饮酒的不同消费者（年龄在 30～55 岁），与目前国内流行的几款高档名酒进行对比测试，通过明测与盲测等不同方法，在总计 3851 次理化指标和口感指标的测试下，对年份原浆的酒体进行精雕细琢。

2008 年的成都春交会上，"古井贡酒·年份原浆"正式亮相，一举惊艳了行业和消费者。一股由年份原浆酒上市而引起的黑色旋风，风靡全国。2009 年，在年份原浆创新产品鉴定会上，年份原浆酒得到白酒专家的交口称赞，沈怡方、高景炎等白酒专家一致认为其具有"色清透明、窖香幽雅、醇厚净爽、谐调丰满、余味悠长"的独特风格。2015 年 10 月 13 日，"年份原浆"商标亦予以注册公告。

在一系列配套策略的推动下，作为中国白酒行业唯一用"年份 + 原浆"命名的白酒品牌，年份原浆酒的市场表现格外抢眼。从上市之初的 2 000 万元，到 2009 年突破 2 亿元，仅用了一年的时间。年份原浆酒成为古井的主打产品，助力古井实现业绩突破百亿元大关，支撑起了古井贡酒的品牌复兴，在中国白酒营销史上留下了浓墨重彩的一笔。

（2）实施策略。

好名如金，好的产品名称意味着成功了一半。产品的取名方式多样：借名人，如曹雪芹家酒、华佗再造丸；借地名，如燕京啤酒、西湖味精；借物名，如鸭鸭羽绒服、牡丹彩电、灯塔蓄电池、蜜蜂缝纫机、长城防盗门；借自然，如东方红拖拉机、北极星手表、雪花冰柜等。不论借什么给产品命名，都要与产品的性质、性能配合起来，使消费者一见到产品的名字便能与产品联系起来，留下良好的第一好印象。例如，"华佗再造丸"能使消费者由华佗神医联想到"再造丸"之治疗功效；"长城防盗门"能使消费者联想到长城的牢固可抵御外敌入侵。

具体可以参考以下策略。

一是生动贴切，符合行业性质及产品功用。产品的命名，既要有利于宣传产品，又要有利于使消费者了解产品的结构、用途。这就要求产品名要符合产品实际，即"名如其物"。比喻不当、夸大其词的产品名，只会引起消费者的戒备甚至逆反心理。

二是新颖易记，讲究音律、意蕴、字形。好的品牌名能给广大消费者留下鲜明的第一印象。产品的命名，应用词简洁、新颖、有寓意，一般 3 ～ 5 字为宜（字数过多则不易记忆），而且读音要响亮，做到音、形、意的完美结合，达到好看、好读、好听、好记、好传播的效果，起到提高知名度、塑造自身形象、宣传商品、刺激消费的作用。

三是传承创新，体现丰富的文化内涵。产品名的背后蕴含着深厚的文化，其文化承载量越大，其效益释放量就越大。中国有五千年的灿烂文化，不管是儒、释、道三家文明，还是文学、绘画、书法、音乐、舞蹈等文化艺术，都是取名时用之不竭的文化源泉。例如，"红豆"衬衫，取自王维的诗句"红豆生南国，春来发几枝"；"扳倒井"酒业，取自历史掌故。

四是亲切友善，避免触碰忌讳。产品命名要符合人文地理与地域文化，要研究消费者的喜好和忌讳，满足他们追求吉祥、图个吉利的心理诉求，即"兆头"要好。兆头好的产品名称，会让消费者感到亲切、舒适，从而在不知不觉中拉近了产品与消费者的距离，增进了企业与消费者之间的感情。对于跨区域，特别是出口商品的名称，要注意消费者所在地区的习俗，切勿犯忌。例如，上海有一种名叫"必舒膏"的家庭常备药物，对虫咬蚊叮有一定疗效，在香港却无人问津，调研后才知道原来是"必舒"与"必输"谐音。

五是形象达意，接轨国际。现代企业要和国际市场接轨，就得有与国际接轨的品牌名称。国际性品牌、产品的命名最好是中英文发音接近、寓意好。例如，美国饮料品牌"Coca Cola"被译为"可口可乐"，不仅音意俱佳，读起来朗朗上口，而且体现了饮料的功效和消费者的心理诉求；雅戈尔集团的"雅戈尔"由英文"Youngor"翻译过来，是年轻的、青春的意思；"Safeguard"香皂被译为"舒肤佳"，蕴含使皮肤舒适之意；杀虫剂"Dipterex"被译为"敌百虫"，也很巧妙。

2．讲好故事

（1）基本理念。

事实上，早在远古时期，人类就借讲故事来化解对未知事情和生活困境的忧虑。在洞穴里，一群族人围坐在篝火边，由首领将有意义的故事讲述给族人听，教导他们如何认知身处的世界及如何延续生活。

在当代社会，人们解决了最基本的温饱问题之后，在购买产品时不再是功能至上，而是越来越趋于感性消费。因而，产品除了具有必要的使用功能之外，更被赋予了温度与情怀，而想要传递这种温度与情怀，可以说故事是最好的媒介。这里所说的"故事"并不是指那些长篇大论，它可能只是一句话、一个情景，用以表达产品的理念。故事具有娱乐、引导、告知和说服的作用。可以通过故事使消费者了解产品的特性，并产生共鸣、引发思考等，从而对产品留下深刻的印象。

与此同时，企业在销售产品时若想取得竞争优势，就必须塑造差异化，尤其是在供过于求的商品市场，仅凭品牌、品质、包装等竞争手段已经很难与竞争对手拉开差距，此时"故事营销"成了新的销售手段。因为由好奇心引发的探究行为其实就是一种购买的行为，卖产品一定要"卖情感"，卖情感的背后就是"卖故事"，而故事能浸润心灵，这恰恰能直抵消费者的内心。

为产品讲述一个深入人心的故事，在润物细无声中使消费者对产品产生文化认同、情感认同，这样的营销效果要优于广告。所以，如何讲好故事，成为产品提升文化价值的关键。在进行产品形象塑造时，应选择符合品牌身份的故事元素。例如，台湾阿原肥皂，从命名开始就在讲述品牌创始人"阿原"与天然皂的故事。品牌故事以阿原真实的生活体验和个人对老一辈留下的智慧的执着追求为蓝本：品牌创始人阿原的皮肤敏感，只能使用天然皂，他在传承老一辈人制作天然皂手艺的基础上不断地尝试创新，寻找新的天然皂的自然原料。这种真实的故事原型加上执着的精神很容易引起受众的情感共鸣，也突出了产品天然的特质，起到了事半功倍的传播效果。

（2）实施策略。

好的故事本身就具有感染力和吸引力，企业可以将故事的叙事方法运用到产品的形象塑造及传播中，形成一系列深植人心的产品故事，使产品与消费者形成多层次、多方位的符号连接、情感连接，触动消费者的情感，给消费者留下独特的情感和印象，进而触发一系列的消费行为和传播行为。当然，故事不会凭空而来，产品故事的创作主要有以下 3 种方式[①]。

一是源自企业文化的品牌故事。企业文化的核心是企业的精神和价值观，主要指企业的价值观体现在企业的行为上，价值观作为产品生产与经营的依据准则。而一个品牌的诞生，本身就是一个故事。品牌故事是根据企业的文化决定的，简洁、清晰地表达企业的理念与定位。以耐克（Nike）为例，其品牌 Logo 的灵感来自希腊胜利女神的形象，代表着胜利，而且简单的一个钩形，使人一看就联想到使用耐克体育用品后所产生的速度和爆发力。耐克的广告语"Just do it"也有很多种解释，可以理解为"我只选择它；就用这个；来试试"，更可以理解为"想做就做；坚持不懈"等，但不论是哪种解释，都传递

---

① 何洁. 探讨故事在产品销售中的应用 [J]. 现代装饰（理论），2016(1): 188.

着耐克公司关于体育的精神理念。

怎么把水卖得比牛奶贵

依云（Evian）是著名的矿泉水品牌，其名字源自凯尔特语"evua"，即"水"。依云矿泉水的水源地——法国依云小镇，背靠阿尔卑斯山，面临莱芒湖，远离污染，其矿泉水经过了长达15年的天然过滤和冰川砂层的矿化，具有天然、均衡、纯净的矿物质成分，适合人体需求。据说依云矿泉水在水源地直接装瓶，无人体接触、无化学处理，且每天还要经过300多次水质检查。自1789年依云小镇中的水源地被发现以来，依云矿泉水已远销全球140多个国家和地区。

那么，依云是怎样讲好水的故事，突出自己价值的？

依云讲了一个矿泉水治好病的传奇故事，说有一位叫雷瑟的侯爵患有肾结石，在饮用了当地的泉水一段时间之后，他发现自己的病竟然奇迹般地好了。这一奇闻传开后，有很多专家特地去分析依云矿泉水的疗效，"奇闻"虽未得到科学验证，但其分析结果也有利于口碑传播，于是开始有大量的人去体验这种神奇的矿泉水。

依云矿泉水的成功来自品质和口碑，其已成了追求品质的一种生活方式，价格也随之被拉升起来。不少产品往往在功用上都很不错，但是没有被演进成一种生活方式。"怎么把水卖得比牛奶贵"，其实也是很有意思的创造文化价值的方式。

二是源自产品使用效果与体验的故事。不少大品牌都会有这类故事。比如北京的同仁堂就有一例广为流传的故事：康熙年少时曾得过一场怪病，全身长满红疮、奇痒无比，当时宫中所有的御医都对此束手无策。有一天康熙微服私访的时候走进了一家药铺，药铺的郎中为他号了脉，说他平常山珍海味吃多了，所以急火攻心，于是开了一个很便宜的药方。回到宫中，康熙依照郎中的叮嘱服药，吃完药后身上的怪病就好了。从此以后，这个药铺就火了。故事中的药铺就是现在的同仁堂，而这个故事一直延续至今，已有 300 多年的历史。对新产品开发而言，产品故事是企业在设计产品的过程中赋予的，一般会在理性分析和感性情境两种情况下讲述。企业在设计以功能性为主的产品时，必定要做市场调查和用户分析，从消费者的角度来设计产品。通过情境模拟来思考什么样的用户，会在什么场景中，如何使用着怎么样的一款产品。待这些问题全都考虑清楚了，在一款完整的产品设计出来的同时，一个完整的故事也就构思好了。基于消费者的需求酝酿出的故事往往易于使消费者认同并接受。好的产品由好的故事支撑，故事既是产品品质的保障，也是产品文化的动人之处，它会慢慢地形成一种基于品牌的消费文化，然后在消费者心中留下深刻的烙印。

三是后期宣传植入的故事。在宣传推广阶段，宣传推广部门也会为了给产品进行公众形象包装而植入故事。例如，洽洽瓜子是洽洽食品股份有限公司生产的水煮葵花籽，为了做好营销，它采用了多种后期推广手段，包括瓜子的外包装用环保型的纸袋，纸袋上印刷有描述瓜子配方来历的民间故事，袋子里放置了彩色小夹子和卡片，卡片上是文学人物或哲理小语，通过这些精心设计的故事、人物、小语，洽洽瓜子达到了给消费者讲好产品故事、留下深刻印象的目的。

第四节　销售服务阶段

当产品制造完成后，如何将其成功推向市场并获得效益是所有企业最为关注的问题。销售服务的目的就是让消费者能够对产品及服务产生认同感，从而培养消费者对产品及其品牌的忠诚度。在销售服务阶段，企业会通过文化营销、赞助活动、IP营销、名人效应等营销手段，将产品推向市场并赢得市场。

1. 文化营销

（1）基本理念。

影响消费者购买行为的因素很多，其中文化因素的作用至关重要。它集中体现在一个地区的风俗习惯、伦理道德和价值观念上，并逐步演变成一种社会行为规范，影响、制约着人们的行为，包括消费者行为。例如海南岛的居民在服装的消费认知上就与东北人有着很大的差异，前者对衬衣、短裤、裙子、拖鞋的消费认知要高于对皮衣、长靴的，而后者则恰好相反。因而企业必须研究文化的变化趋势及其对消费者购买行为的影响，为产品销售策略的制定提供支持。

文化营销是一种依托产品的文化与服务差异实现消费群体的购买意愿差异的方法，它通过塑造品牌形象、提高产品质量、美化包装设计、增强宣传展示、提升服务品质等手段来强化消费者对产品的黏性。当然，采用每种手段都能促成某种或某类差异化竞争优势，但是相对单一的差异化竞争优势很可能会被竞争对手迅速模仿从而难以持久；相反，如果将各种差异化竞争优势进行整合，就能更长久地保有竞争优势，因为竞争对手很难在短时间内投入更多的资金来模仿。

对于上述文化营销的几种手段，诸如塑造品牌形象、美化包装设计、增强宣传展示、提升服务品质都比较好理解，这里特别就"提高产品质量"进行说明。产品质量，不仅应包括产品的适用性、耐久性、可靠性、安全性和经济性等自然属性在内的"狭义质量"，而且应包括其社会属性，如消费者的主观感受，产品满足消费者特定需求的能力与产品和消费者预期效果之间的差距等。理解并用好产品质量的社会属性，对于在文化营销活动中提高产品的差异化竞争优势具有非常重要的作用。

欧莱雅在中国的文化营销策略

　　欧莱雅集团（以下简称欧莱雅）于 1907 年在法国创立，并于 1996 年大举进入中国市场，经过多年的推广，现已成为中国化妆品市场热销品牌之一。欧莱雅在中国拓展市场的过程中，非常重视在销售全流程中引入文化因素，很好地提高了中国市场对该品牌的认可度，提升了产品的文化附加值，在中国市场创造了良好的销售业绩。

　　首先，在包装设计中引入较多的时尚元素。法国是世界时尚潮流文化的重要发源地，诞生于法国的欧莱雅在产品包装设计方面就具有潮流文化的特质。例如，在欧莱雅刚进入中国市场之时，护肤品市场上的不少国产品牌还未充分重视包装设计，所做的包装较为简易，其色彩也较为单调。而欧莱雅已开始将色彩文化融入产品包装设计之中，并针对不同的产品线所面向的具有不同审美需求的消费者，设计了独具特色的包装颜色，通过包装的色彩文化体现了欧莱雅以科技让生活更美好的产品理念，以及其关于人与自然完美融合的文化情感。

　　其次，主打突出女性文化的广告策略。广告是塑造品牌形象、推广产品功效、提高品牌辨识度的主要手段。为了符合大多数女性的审美需求，欧莱雅的广告一般以美丽大方、独立知性的女性为主角。欧莱雅通过与国内具有鲜明性格特点的女演员合作，恰到好处地将其品牌形象与广大中国女性的审美文化结合起来，从而受到了国内女性的广泛欢迎。

再次，注重将产品与生活方式相结合。随着中国经济的快速发展和人民生活水平的不断提高，越来越多的中国女性开始注重护肤质量，追求有品质的生活。正如欧莱雅的销售总监所说的："欧莱雅销售的不仅仅是产品，更是一种生活方式。"欧莱雅成功地将法国的化妆品文化传播到了中国，通过为中国女性消费者带来新的生活方式与理念而带动自身产品的销售。

最后，注重在品牌中融入法国文化。在很多中国人眼中，较早完成工业化进程的法国是一个崇尚浪漫和优雅的发达国家。欧莱雅充分运用了中国消费者对法国的美好印象，并将其注入品牌形象。从其中文名称来看，L'Oréal 被译为"欧莱雅"，表示"来自欧洲的优雅"，旨在展现出其所代表的"法式优雅"。

总之，欧莱雅通过一系列的文化营销活动，成功地将法国文化中的浪漫与优雅根植于品牌形象之中，进而提升了自身产品在中国市场的社会价值与核心竞争力。

（2）实施策略。

无论多么优秀的品牌，都要将具有差异化竞争优势的产品文化通过营销的方式向广大消费者进行传播，而优质的产品也需要通过合适的渠道送达消费者手中。目前的营销方式多侧重于产品而非文化的传播，而企业若能在营销活动中以文化为引领，以文兴商，则能更好地触动消费者，并与消费者建立起相互信任的情感模式。实施文化营销策略，可以有效地向消费者传递产品的文化内涵和文化价值，使得消费者能快速接受并认可产品及其内蕴的文化，从而影响消费者的感情偏好，确立产品在消费者心目中的地位，降低消费者对产品的需求弹性，在产品价格的制定上获得更大的灵活度和自由度，进而掌握产品的文化定价权。

具体可参考以下策略。

一是强化营销团队的产品文化意识。在对产品进行营销的过程中，不管是市场营销的管理人员，还是市场营销的一线人员，都必须深刻认识到产品或服务的关键价值所在，要熟悉并了解企业和产品的文化内涵，包括产品的设计理念、性能、质量、款式、造型等，能全面精准把握产品的文化差异性，并将之完整准确地传递给消费者，这是文化营销得以落地的基础。

二是充分利用各种有效途径传播企业文化和产品文化。再优质的产品、再优秀的文化，也需要经过一定的途径和渠道才能为消费者所知晓，而且要通过一定的传播手段让消费者对企业文化、产品文化产生共鸣，增强消费者的文化认同感。在此过程中，重点是要满足消费者的文化需求，使消费者在使用产品的过程中逐渐形成一种文化依赖。一般而言，消费者对自己认同的文化有着较强的依赖性，他们认为相关文化体现了自己的个性与品位。特别是在互联网时代，要充分利用新媒体进行文化营销。例如，使用微信公众号进行企业文化宣传，不但能够减少企业在硬广流量上的资金投入，还能通过移动互联网端更直接地进入大众消费者的视野，更快地促进意向用户群体对企业品牌与文化的认知，从而实现文化营销的预期目标。

三是提供优质的产品销售服务。企业可通过训练有素的员工为消费者提供优质服务，满足消费者合理的差异化需求。随着科技水平的提高和市场竞争的加剧，企业之间的相互模仿、渗透的行为愈演愈烈，不同企业的同类产品在功能、质量、式样等方面的差距也愈来愈小，产品同质化的现象愈来愈明显。在这样的市场状态下，要打造差异化竞争优势、打好"文化营销牌"，做好服务工作显得尤为重要。在现代市场营销理念中，服务被视为产品的重要组成部分，而且"服务无止境"。企业可以通过优质服务，提高消费者的满意度和忠诚度，进而通过口碑效应不断扩大忠诚消费群体的规模。需要指出的是，企业有必要将服务链条加以延伸，不仅要重视售后服务，还要对售中服务、售前服务、咨询服务、技术指导等环节给予应有的重视。

四是跨国经营时须注重跨文化营销。要做好跨国经营，企业须根据不同国家的文化背景，采取适应其本土需求的文化营销理念进行跨文化营销。国别差异往往会导致宗教、语言、社会风俗等文化方面的差异，这些差异加大了企业产品的销售难度。因而，就整体的产品开发及销售而言，企业应针对当地消费者的文化需求进行本土化修正，以克服由国别差异带来的文化障碍。例如，宝洁公司在亚洲市场上"攻城略地"时，"入境问俗"的工作做得十分出色。每进入一个国家或地区时，宝洁公司都会在当地建立一个组织机构，了解当前的市场行情，了解当地的民风民俗、语言习惯、文化现象，了解当地消费者在市场竞争中的消费需求、消费心态及购买习惯等，以有针对性地推出产品和实施适宜的文化营销策略。宝洁公司在亚洲市场取得的骄人业绩，与其跨文化营销能力是密不可分的。

五是讲究产品展示陈列的艺术性。不管是线上还是线下，将各类产品按照一定的艺术形式进行展示陈列，不仅仅是为了方便人们的购买，更重要的是要通过这种视觉营销手段来进一步塑造产品和企业的形象，提升品牌的认知度，提高文化的差异化竞争优势。例如，对线上店铺而言，店铺装修、产品上架是提高点击率和转化率的重要环节；对线下店铺而言，符合消费心理学且独具艺术特色的产品陈列，不仅可以起到指导消费、方便购买、扩大销售规模的作用，而且可以使人们在逛商店的过程中得到美的享受。

汽车销售服务 4S 店

汽车销售服务 4S 店（以下简称 4S 店）是一种集整车销售、零配件供应、售后服务、信息反馈于一体（即"四位一体"）的汽车销售服务企业。可以说，4S 店是汽车市场激烈竞争的产物，其于 20 世纪末进入中国。进入汽车市场的厂商愈来愈多，汽车市场的竞争越来越激烈，而用户对汽车产品及服务的要求也越来越高、越来越严格，这导致了原有的汽车代理销售体制已不能适应市场与用户的需求。因而，4S 店其实就是汽车生产厂商为了满足用户在服务方面的需求而推出的一种业务模式：由经销商投资，按照汽车生产厂商规定的标准建造，只能销售由汽车生产厂家特别授权的单一品牌汽车；除了整车销售，还为用户提供装备精良、整洁干净的维修区，保养良好的服务设施，充足的零配件供应，迅速及时的跟踪服务体系等，能满足用户的各种服务需求。

事实上，4S 店与汽车生产厂商共同组成了汽车品牌联盟，代表汽车品牌文化，体现品牌价值。4S 店的核心含义是"汽车终身服务解决方案"，关键词是"解决方案"和"服务"。在"服务经济社会"的大背景下，"4S"模式其实和其他一些已进入"以方案和服务为核心竞争力时代"的行业销售服务模式殊途同归。与其他汽车销售模式相比，4S店因有着优秀的品牌文化、完整和规范的服务系统、多种多样的增值服务等而具有竞争优势。

2．活动赞助

（1）基本理念。

利用活动赞助来包装企业、打造形象、树立品牌、推销产品，是企业营销的重要手段。活动赞助已在世界范围内形成了一个规模巨大的广告和营销市场，涵盖了体育运动、文化旅游、社会生活、教育医疗、社会慈善和福利事业、科学研究、新闻宣传、行业展会等诸多领域。一般而言，企业通过活动赞助这种营销方式不但能获得广泛的媒体报道，还可以借助活动本身的社会影响，提高社会声誉，赢得公众的支持和赞誉，为其自身及相关产品的形象增值。企业开展赞助活动主要有以下3个目的。

一是有利于树立企业关心社会公益事业的良好形象。例如对某些社会福利和慈善事业、社会公益活动进行赞助，可以给社会公众留下关心社会、致力于公益事业的良好印象，受到社会舆论的好评，从而赢得良好声誉。

二是有利于提高企业的社会效益。开展赞助活动之后，企业赢得了社会公众的普遍好感，提高了企业的美誉度和知名度，虽然企业不能从中直接取得经济效益，但是这却为企业的生存和发展创造了良好的外部环境，提高了企业的社会效益。例如，在20世纪70年代，日系车企的竞争力得到很大提升，甚至打开了美国市场，但是日系车在印度尼西亚并不受欢迎，因为二战时日本对印度尼西亚的侵略行为影响了日系车在当地的形象。为此，日系车企在印度尼西亚策划实施了多种赞助各类慈善事业的活动，经过多年公关，其贸易环境才得到显著改善，到了20世纪80年代，在印度尼西亚街头行驶的轿车大多数已是日系品牌的了。

三是有利于扩大企业的社会影响力。在活动赞助过程中，企业的名称和商标会频繁出现在新闻媒体的广泛报道之中，进而形成一种广告攻势，使企业的知名度大大提高，社会影响力也进一步扩大。例如，为奥运会运动员提供运动服的公司，由于奥运会的收视覆盖率高，如果运动员们穿着公司赞助的运动服装出现在运动会上，就等于为该公司做了一个大广告。益普索（Ipsos）关于2008年北京奥运会赞助活动效果的跟踪研究报告显示，对于所调查的12家赞助商，消费者对它们的品牌认知、品牌形象及其产品的潜在购买意愿方面都有明显改变，例如，青岛啤酒的奥运营销效果显著——被访者的购买意愿从54.1%提升到75.7%，增长了21.6个百分点，居于所调研的奥运赞助商之首。

体育活动营销赞助

1984 年的洛杉矶奥运会是世界体育产业和体育营销发展的一个里程碑。这届奥运会开创了奥运会商业化和体育营销的运作模式——尤伯罗斯模式，其主旨是按商业原则和规律来"营销"奥运会。凭借这一营销手段，洛杉矶奥运会一举扭转了往届奥运会只赔不赚、在财务上捉襟见肘的窘境，史无前例地获利 2.5 亿美元。

20 世纪 90 年代以来，电视直播技术日臻完善，推动了世界体育营销市场的高速发展。2000 年悉尼奥运会，全球电视观众达到了 250 亿人次。2002 年世界杯足球赛，共有 215 个国家和地区进行了电视直播，整个比赛期间电视观众达到了 400 亿人次，仅巴西与德国的决赛，全球就有超过 15 亿人通过电视直播观看。

现代传媒与体育运动的互动，为企业提供了一个前所未有的广告营销市场。当今还找不到任何一种活动，能像奥运会、世界杯足球赛一样，同时吸引全世界那么多人的眼球。现代传媒造就了现代体育，而体育又为传媒提供了取之不尽、用之不竭的新闻资源，同时还为企业提供了一个提升形象、打造品牌、扩大知名度的高质量平台。

以耐克公司为例，20世纪70年代，该公司还是一家默默无闻的制鞋公司，虽然其运动鞋在质量上各方面的指标不错，但是还无法与阿迪达斯、锐步等老字号品牌相提并论。20世纪70年代末，该公司决定启动体育营销战略，重点是选择那些拥有影响力的体育运动员作为其形象代言人。1984年，耐克公司看好迈克尔·乔丹，并与之签订了一份广告合同，这是乔丹的第一份广告合同。随着乔丹成为美国NBA的"天王巨星"而红遍全世界，耐克公司也获得了极为丰厚的商业回报。

（2）实施策略。

对企业来说，赞助并不等同于捐助，确切地说赞助是一种营销行为，企业要通过赞助行为换取有利于自身发展的回报。企业一定要管好自己的赞助费，按照事先评估、过程把控、设定底线、随机应变等原则进行管理。

具体可以参考以下策略①。

一是明确产品的消费群体定位。对企业而言，挖掘赞助活动资源，

① 郝勤：如何运用体育赛事及广告推销体育产品，树立企业形象 [C]. 2004 中国国际体育用品产业论坛文集，2004.

瞄准特定的消费群体，在传播过程中释放企业的品牌能量，是企业赞助活动的营销重点。企业在强化活动参与者身份的同时，亦要注意打造自身品牌或产品的个性内涵，从而和竞争对手形成鲜明的差异化营销效果。因此，产品如何定位就显得尤为重要。对于奥运营销，产品品牌形象与奥运精神完美契合，才能更好地通过奥运会实现企业的目标。

二是判断活动与产品的关联度。再好的活动，如果与产品毫无关联，那么其赞助活动的效果也可能大打折扣。该活动是否和企业有深度关联，是否与企业的核心价值诉求相一致，需要企业自己去判断。例如联想集团在成为 2008 年北京奥运会的赞助商时，不断强调自己是此届奥运会的 IT 信息系统支持者，这也让大众对其有了顶尖的 IT 技术服务提供者的印象。

三是评估赞助活动的营销效果。企业在签署赞助活动合作协议之前，务必要对该活动的影响力进行评估，例如会产生多大的社会关注度，其新闻点和热点在哪里，主办方和承办方的能力和资源、既往案例等，从而准确预测赞助活动的营销效果并据此制订赞助活动方案。

四是充分满足大众基于产品的情感诉求。围绕赞助活动所设计的营销活动和广告，应当"以情动人"，充分展示企业或其产品是如何满足大众相应的情感诉求的，以期为大众提供良好的情感体验。例如，展示健康的生活理念、积极的人生态度等。所倡导的健康的、积极的理念与态度，会在不经意间感染消费者，得到消费者的认同和欣赏。

五是利用名人效应，强化企业与消费者的关系。在现代媒体的作用下，名人已成为知名度高、号召力强、广告价值大的传播载体之一。利用名人效应和所赞助活动的影响力，能在企业与消费者之间重构一种依存关系，最终达到赞助营销的目的。例如，我国篮球运动员姚明才到美国1年，就成为全球知名度最高的篮球运动员之一，姚明参加的各类活动往往会成为新闻媒体报道的热点。

案例

世博会特许商品

特许商品是指某项活动组委会授权企业生产和销售的、与活动知识产权相关的商品，如奥运会、博览会的特许商品。通常，特许企业以向组委会交纳特许权费的方式获取生产或销售特许商品的权利，通过生产或销售特许商品而获取收益。

自1851年伦敦的"万国工业博览会"以来，世界博览会（以下简称世博会）已成为全球经济、科技和文化领域的盛会，成为各国人民总结历史经验、交流文明成果、体现合作精神、展望未来发展的重要舞台。在历届世博会中，除了赞助费和门票收入之外，特许经营已成为主要的营收方式。例如在上海世博会举办期间，其特许商品颇受广大民众喜爱，销量快速提高，销售额达到 309.58 亿元，大幅超出了 200 亿元的目标。

特许商品是传播世博会主题的重要文化载体，也是特许企业提升品牌影响力和进行文化赋能的有效途径。在历届世博会的特许商品中，有的侧重纪念性，如纪念章、陶瓷、邮票等；有的偏重实用性，如玩具、箱包、钟表、服饰、文具、运动装备、电脑外部设备等。特许企业除了能够获得销售收益之外，还能获得包括品牌在内的、难以估量的无形收益。

3．IP 营销

（1）基本理念。

IP 营销中的"IP"指知识产权（Intellectual Property）。IP 存在的形式多种多样，可以是一本书、一个卡通形象、一部电视剧，甚至是一个人或大量用户喜欢的任何事物。近年来，随着 IP 经济的兴起，IP 已逐渐延伸成为一种商业现象，出现产品 IP 化（品牌 IP 化、企业 IP 化）的商业化运作。

IP 的商业化需要借助渠道、产品、内容、品牌的整合营销才能发挥效能。IP营销是在知识产权概念上的延伸，要依据IP的类型和特点打造产品和营销活动的文化和情感属性，不断积累忠诚用户。简而言之，IP营销的商业逻辑就是，产品通过人格代理持续产出优质内容来输出价值观，通过价值观来聚拢用户，用户认可了价值观，实现了身份认同和角色认可，就会信任其产品。这里面包含3层逻辑①。

第一，使产品更容易与消费者建立信任关系，也更容易形成情感连接。IP营销要让产品与消费者之间的连接重新回归到人与人之间的连接，缩短彼此间的距离，重塑信任。以往的营销大多是以品牌为中心，塑造的品牌形象难以让人产生亲近感。而IP营销则是以人的连接为中心，通过人格代理，使品牌变得有温度，有亲切感，更容易靠近消费者。不少"老字号"依托IP营销焕发了新活力。以回力牌运动鞋为例。20世纪90年代，诸如阿迪达斯、耐克等众多欧美运动鞋品牌涌入中国市场，成为年轻人的首选，回力牌运动鞋慢慢淡出了人们的视线，成了上一代人的记忆。然而近几年，回力牌运动鞋重新进入了人们的视野，成了名副其实的"潮牌"。它通过创新营销方式，与微信、微博等人气社交媒体合作，吸引了大量年轻用户，并结合名人IP实施花式营销，比如联合百事可乐推出的"百事可乐蓝"帆布鞋引发了网络热议和抢购。

第二，本质上是一次流量的迁移，从关注产品消费平台流量到关

---

① IP营销：让品牌更具温度[J].中国合作经济，2020(1)：35-37.

注消费者的内心需求——这也是 IP 营销备受青睐的重要原因。随着各种互联网红利的耗尽，随之而来的是营销成本不断上升的压力，从几大电商平台上获得流量的成本越来越高，营销成本自然也水涨船高。品牌营销急需转型，而 IP 营销符合大家的期望。于是，有不少企业开始培育自己的 IP，借助自媒体和自身的内容生产力汇聚用户，实现自带流量和势能，不仅降低了引流成本，而且还摆脱了单一平台的制约，实现跨平台流量分发。例如三只松鼠，以卖坚果开始创建互联网零食品牌，其在互联网品牌中开创了一种新玩法：以松鼠为原型设计了非常可爱的品牌形象，并将品牌人格化，以此带动了整个品牌的发展。这就意味着，三只松鼠不仅仅卖产品，也制造内容，而内容本身成为另一种形式的产品。

第三，消费需求从物质需求层面过渡到精神需求层面。消费行为本身有两种属性：一种是经济属性，交换的是产品的使用功能；另一种是社会属性，交换的是产品的社会意义。通过社交媒体，消费行为的社会属性被进一步放大，通过消费来表达自己的身份、品位、价值观等精神层面的需求已经成为主要的购买动机。打动消费者的不再仅仅是产品本身，还有产品背后的价值。今天的消费者不缺物质，缺的是温度。因此，在功能属性之外赋予产品的"温度"，正成为一种新的消费需求，而这也正是 IP 营销的价值所在。

IP 营销成功的关键在于 IP 内容具有较强的话题性和传播性，相对容易拥有用户和市场，在传播过程中还能裂变出新的价值要素。例如可口可乐通过 IP 营销，将互动营销和跨界营销下产生的新的文化内容的特点和精神等要素凝聚到品牌中，再通过新的 IP 营销活动，将新的产品文化传播出去，这样往复循环，将可口可乐从一款饮料产品衍变成一个符号标签——一个时尚符号、文化符号甚至生活符号。

IP 营销的作用有以下五大特点。

一是具有聚合力。IP 拥有天然的凝聚作用，一个产品化 IP 所代表的功能属性、利益认知、价值主张和审美特征会对广大消费者产生磁场作用，使产品像磁铁一样吸引消费者，从而极大地提高消费者对品牌的忠诚度。

二是具有感染力。IP 具有情感层面的感染力，在细微之处打动消费者，直抵消费者内心深处。美国 NBA 球星科比实质上就是一大IP，他曾有一句话："你见过凌晨四点的洛杉矶吗？我每天都见。"这句话给听者带来极大的情感触动——科比都已经这么优秀了，还这么努力！这瞬间就触发了听众内心深处的情感，引发了情感共鸣、价值共振。

三是具有导向力。任何一个 IP，均蕴含着鲜明的价值观、审美观、消费观，通过文化认同，把消费者引导到与 IP 的主张相一致的轨道上来，从而提高消费者对其产品和品牌的忠诚度。

四是具有传播力。IP 营销不受任何媒体、平台和行业的限制，具有很强的延展性，更易于突破单一的行业与品类的限制，为产品的传播带来新机遇。此外，IP 自带流量，具有更强的亲和力和话题性，能更好地与消费者建立紧密的情感连接，因而拥有特定的用户群体。

五是具有推动力。由于 IP 具有个性鲜明的文化与情感属性，因而在促进文化创新思考、推进新文化思潮发展方面有较强的推动力。为了提高产品的管理效能，增强产品的差异化竞争力，企业通过和与其品牌形象相契合的 IP 合作，借助 IP 持续的内容输出，在大众心中塑造更加鲜明的企业品牌形象，从而实现品牌溢价，赢得更大的市场。

近年来，企业为了吸引年轻的消费人群，也在大力实施 IP 营销。例如，奥利奥品牌联手故宫这一大 IP，推出了奥利奥宫廷饼干——有"贵妃宠爱"的荔香玫瑰糕风味及"皇上钟情"的红豆酥风味等 6 种口味，从饼干口味到包装设计都有浓郁的故宫风味；同时奥利奥还推出了广告大片，用 10600 块奥利奥饼干，建造了一座"可以吃的故宫"。奥利奥"故宫食品联名御点"系列，以故宫所蕴含的中国传统文化为内核，用中西方的文化碰撞，赋能品牌，加持产品。

此外，这里要指出的是，以往的品牌建设一般是先有知名度，再有美誉度，最后消费者才会对该品牌形成忠诚度，这与 IP 营销有显著的差异。对 IP 营销来说，需要针对消费者的不同特点，结合合适的市场定位，赋予产品独特的文化内涵。消费者通过 IP 化的内容获得符合自己价值观和审美取向的品牌信息，或购买了一款符合自己个性需求的产品后，便会对其产生忠诚度。消费者会主动通过朋友圈或者论坛发表对品牌的看法和体验，传播品牌信息，提升其美誉度，最后品牌就会形成知名度。也就是说，对 IP 营销而言，是先有忠诚度，再有美誉度，最后才是知名度。

案例

"江小白"的 IP 营销

"江小白"是重庆江小白酒业有限公司旗下江记酒庄酿造生产的一种高粱酒的品牌，它以 45 度的小瓶装为主，相对于普通白酒而言，度数较低，不上头，不烧喉，口感清冽绵甜。

江记酒庄以"我是江小白，生活很简单"为品牌理念，坚持"简单纯粹，特立独行"的品牌精神。在产品开发与销售的过程中，"江小白"瞄准年轻人的个性喜好与饮酒习惯，在品牌调性上尽量与之契合，提倡年轻人直面情绪、不回避、不惧怕、做自己。因此，产品一经推出就受到了众多年轻朋友的青睐，喝"江小白"渐渐成为了"简单纯粹""文艺青年改变世界""寻找真我""消除互联网隔阂"等生活哲学和价值理念的延伸。

与此同时，"江小白"又推出各种文化活动，例如"面对面约酒""好朋友的酒话会""我有一瓶酒，有话对你说""世界上的另一个我""江小白 YOLO 音乐现场""'看见萌世界'青年艺术邀请展""江小白Just Battle 国际街舞赛事",以及《我是江小白》等动漫作品。

通过不断推出能引起生产者与消费者情感共鸣的优质产品，辅之以独特的酒文化和鲜明人格形象的打造，"江小白"很快在白酒细分领域异军突起，成为当时具备自传播能力的文化IP。

（2）实施策略。

酒香也怕巷子深，在注意力经济时代，有效吸引消费者的眼球，突破同质化竞争的瓶颈，成了企业实现可持续发展的关键。近几年，许多企业的营销都在走IP化路线。IP符号简单易辨识，可以直接代指某种精神、审美和价值观，对其有认同感的人会有十分强烈的消费欲望，即"信则有价值，不信则无价值"。虽然IP于产品的附加值难以衡量，但"商品—IP—消费者"一定是比"商品—消费者"更有创意的抵达路径。潮流文化也好，大众文化也好，背后都是消费文化在主导。

了解产品IP营销优势，探索IP营销策略，是帮助企业品牌形象提升的关键。具体可以参考以下策略。

一是精准定位，寻找契合的IP。选择与品牌内涵和产品特性相契合的IP对企业来说十分重要。品牌与IP具有共性，才能成功地将IP的"粉丝"转化为用户。这首先需要企业对自己的产品和目标人群进行精准定位，再通过与 IP 的创新融合形成新的营销点，提升产品的价值。

二是利用 IP 激励产品创新。产品的品质是企业长期稳固发展的基石和核心竞争力，产品与 IP 的结合不是对 IP 形象的生搬硬套，节点性的爆点和"炒作式营销"只能带来短暂的曝光度和流量热潮，往往是昙花一现。企业应抓住时机，以用户对 IP 的新鲜感促进真正的创新，持续利用科技进步和设计创新提升技术和管理能力，改进产品的功能、质量和包装，不断提升消费者体验，激发消费者的潜在需求，才能获得长足的发展。

三是打造符合产品自身特色的 IP。产品 IP 化实质上是产品文化的人格化、内容化、情感化，所打造的 IP 应当符合产品文化的调性，才能与用户形成有效联结。用户更喜欢关注一个有温度的 IP 形象，而不是冷冰冰的产品。真正打通产品和用户之间的情感链，产品与用户才能从"交易"变成"交往"，从弱相关变成强相关。

四是充分利用新媒体，多渠道传播推广。许多产品受其自身特质影响，传播内容和渠道较为单一，但结合 IP 营销，往往能实现具有趣味性并有情感共鸣的传播效果。例如可以借助微博、微信、抖音等新媒体平台，发布具有传播性的内容；可以结合 IP 策划短视频、动漫等。所设计的传播内容应结合产品与 IP 双方的特质，符合目标用户的审美需求，同时企业要配套提供丰富有趣的场景化体验，以及线上线下融合的服务。

4．名人效应

（1）基本理念。

名人由于其独特的影响力和号召力，一直是文化创意产业用于营销的重要资源。在产品销售服务领域，名人营销同样是热门元素。众所周知，名人效应已经在生活中的方方面面产生了深远影响，人们怀着一种对名人的敬意或者喜爱，去追求与名人有关的事物。简单地说，名人效应相当于一种品牌效应，它可以带动人群、吸引眼球，如名人代言广告能够刺激消费、名人出席慈善活动能够带动社会关怀弱者等。于是，当千千万万个企业都在为推广新产品而冥思苦想、绞尽脑汁时，充分利用名人效应自然成为企业进行产品销售的途径之一。

名人作为特殊人群，是知名人物、公众人物，有着卓尔不群的形象。企业如果抓住消费者心理，利用名人效应带动销售，不失为一个好策略。尽管在 20 世纪七八十年代，飞鸽自行车迎来了日产万辆的大发展时期，但一直未能打进当时自行车需求量较大的美国市场。1989 年 2 月，借由一次外事活动的机会，飞鸽自行车被作为国礼送给了来中国访问的布什夫妇，当时新华社专稿写道"飞鸽自行车伴随白宫新主人飞向美国"。从此，飞鸽自行车打开了美国市场，赢得了美国顾客的喜爱。

就名人代言广告来说，即使能够在某一阶段内提高该产品的知名度，但长久来看，其市场竞争力和占有率却不会因为名人代言而永远位居行业前列。如果想要保持可持续发展，光靠名人代言广告是远远不够的。从品牌发展的长远角度来看，企业如果想得到广大消费者的支持与厚爱，必须在保证产品质量、提升文化底蕴及保障消费者生活品质上下功夫。

（2）实施策略。

利用名人效应在短期内能增大产品的眼球效应，快速提升人气，但是也应该考虑名人形象和产品特色是否吻合，一味选择"人气"的做法，最终可能得不偿失。选择"名人"时，应坚持3个原则：与产品特征关联性原则，与品牌精神相融合原则，与目标客户群共鸣原则。实施具备名人效应的营销活动，具体可以参考以下策略。

一是名人与产品的关联性。名人效应能起到很好的广告宣传作用，将名人的权威和信誉转移到产品上，以获得消费者的信赖。而实现"转移"的基本条件是名人的职业专长和形象须与产品的特点、功能，及其所能提供的利益与形象密切相关，这就是名人与产品的关联性。心理试验告诉我们：只有当名人以一个熟悉的、富有体验的，在产品使用方面具有一定权威的面貌，出现在广告中来推销和佐证产品时，名人的声誉和大众对名人的信赖或喜爱才可能自然而然地延伸到产品上来。乔丹是篮球场上的著名"飞人"，他的出色弹跳力实在令人倾慕，耐克以乔丹为代言人，爱好运动的消费者会从其运动鞋广告中得到暗示：穿上耐克运动鞋，像乔丹一样跳得高。名人都有其某一方面的特长，有针对性地利用某个名人的某一特长，来达到某种商业目标，是企业一定要重点考虑的。

二是借助名人效应进行的宣传活动和设计的宣传语要符合名人的特质。如果牵强附会地在产品宣传中加入所谓的人气演员，给人感觉很"生硬"，受众不会相信，更不会喜欢。企业选择名人作为形象代言人的要诀就是，品牌的核心价值一定要和名人的特质相吻合，否则，就可能出现信息偏差。企业选择适合于自身文化调性的名人作为形象代言人，可以起到事半功倍的效果。在时尚界，名人效应往往是时尚品牌打开市场的"不二法宝"。与将人气演员、体育名将等人物作为代言人来提升品牌知名度的手法相比，一些"特殊人物"的相关举措对时尚品牌和产业的推动作用显然更大。例如，2009 年，美国第一夫人米歇尔·奥巴马在其丈夫奥巴马的总统就职典礼上，身着华裔设计师吴季刚（Jason Wu）设计的礼服，自此该设计师和相关品牌引发了全球关注。

三是要认真做好名人形象的调研工作。所选择的名人，在台前幕后都应该是人们的楷模，但企业可能会面对意想不到的名人丑闻。由于名人受社会关注度高，因此名人丑闻会在较短时间内被广泛传播，这会给委托代言的企业带来巨大的负面效应。因此，要注意选择品行佳、口碑好的名人进行合作。另外，名人在广告宣传中也切忌虚假承诺，以免引起消费者的逆反心理。

第五节　使用收藏阶段

在使用收藏阶段，做好售后服务是企业传递产品文化价值的重要保障，在此基础上，企业应当有志于将自己的产品做成"收藏品"，使之在其使用价值之外，更有值得收藏与纪念的文化价值。

1．售后服务

（1）基本理念。

随着经济的全球化，市场竞争越来越激烈，企业不仅要拼技术、拼质量，也要拼文化、拼服务。确保售后服务质量已成为企业参与市场竞争的基本要求，构建独特的售后服务文化更是企业在市场竞争中立于不败之地的法宝。售后服务是产品生产企业对消费者负责的一项重要措施，也是增强产品竞争力的一种方法。企业可以通过售后服务来提高企业的信誉，树立企业口碑，传播企业形象，扩大市场占有率。

售后服务是指企业把产品销售给消费者之后，为消费者提供的一系列服务，包括产品介绍、送货、安装、调试、维修、技术培训、上门服务等。优质的售后服务是一种高明的营销手段。在产品同质化日益严重的市场上，售后服务作为市场营销的一部分，已经成为众企业争夺消费者的重要阵地，良好的售后服务是下一次销售前最好的促销，是提升消费者满意度和忠诚度的主要方式。保修和售后服务等有关规定可使消费者消除疑虑、摇摆的心态而下定决心购买产品。

（2）实施策略。

在市场激烈竞争的社会，随着维权意识的提高和消费观念的变化，消费者不再只关注产品本身，在同类产品的质量与性能都相似的情况下，他们更愿意选择拥有优质售后服务的企业。实施售后服务，具体可以参考以下策略。

一是队伍建设。售后服务人员经过多轮的制度培训、安全培训、技能培训及其他相关培训，基本上已能胜任工作。但是，要进一步提高售后服务水平，首先是做好思想建设，要创新服务理念，有什么样的服务理念就有什么样的服务态度和服务行为；其次，树立人本服务理念，要多关心、爱护售后服务人员，并建立全员参与售后的服务理念，不能认为售后服务只是售后服务人员的事，要树立起售后服务人人有责、人人负责、人人尽责的思想，并落实到工作中去。

二是服务质量。售后服务理念是以客户需求为导向的，售后服务质量是以客户满意为目标的，售后服务措施是以客户方便为宗旨的。服务质量内涵丰富，比如体现在服务方式的好坏、服务响应的快慢、服务态度的冷暖、服务程序的简繁、服务效率的高低等方面。在服务过程中，要坚持管理服务与技术服务相结合，主动服务与个性服务相结合，整体服务与细节服务相结合；要坚持服务模式创新，持续提高服务质量。

三是文化维护。售后服务文化建设是一项长期工作，有效机制和长效机制是推进售后服务文化建设的重要保障。要集思广益，广泛听取消费者、企业各方的建议，努力完善服务机制。售后服务文化要与宣传、项目、市场等相关职能部门的工作相结合，通过完善相关的宣传、培训、管理、激励等机制，实施有效监控，用制度和流程把优秀的售后服务文化科学规范起来。同时，将抽象的服务概念和服务要求变为具体的服务标准与守则，实现服务、管理和文化的有机结合。

2．收藏品

（1）基本理念。

不同的人做同一件事会体现不同的风格，不同的企业做同样的产品会体现不同的风格，同样，不同的国家制造同样的产品也会体现不同的风格。法国的浪漫、德国的严谨、美国的创新、日本的匠心，不同国家的民族性格会在产品生产上留下深深的印记。产品的设计展现了工业美学，产品的制造体现出工艺的精湛，产品的品牌承载着历史的沧桑，经典的产品令人着迷的不仅是其令人惊叹的设计和优良的品质，还有其制造技术进步的标志，体现着每一时期甚至是每个时代的工艺水平和艺术风格。

其实，对于任何一个对工业有着特殊情结的人来说，工业产品都可谓是集工业美学之大成，它不仅仅是消费品，更是科技和艺术相结合的产物，从中可以看到人类生活方式的嬗变，以及人类的进取精神和创新精神。因此，有了岁月痕迹的产品，人们总是想要留住它曾经的骄傲和荣光。

对于一款非常有价值的产品而言，人们对其的收藏、消费、投资可能出于一样的兴趣和爱好，但最终目的有较大的差异：收藏常常有将产品当作传家宝的目的；消费更重视产品使用带来的精神愉悦；投资则有等收藏品涨价时卖掉的打算，看重的是产品增值后的商业价值。社会的发展日新月异，新技术、新产品层出不穷，当今社会对"收藏"的界定大为改变，收藏对象也不再局限于古董、字画、工艺美术品，电子产品、家用电器、老爷车、生活用品等各种各样的产品也在收藏之列。

随着时代的更迭、技术的进步，家用电器加快了更新换代的步伐，老式家电逐渐被取代，以前它们常被当作破烂丢掉或贱卖处理，然而不知从何时开始，各种老式家电在收藏领域逐渐吃香，有些老式家电的市场价格成倍上涨。在老式家电收藏中，带有鲜明时代特征的收藏品比其他收藏品更受市场欢迎，尤其是造型独特、存世量稀少的老式家电：20 世纪 20 年代的老电话，30 年代的半导体收音机、留声机，60 年代的海鸥相机等。这些老式家电藏品，无不镌刻着历史的沧桑，承载着独特的文化内涵，因而价格不断上涨。例如，新中国成立之初，为发展广播事业，中国设计制造出第一批收音机——工农之友牌收音机，当年这批收音机的零部件由多个厂家生产，最后组装而成，收藏价值极高。与古董、字画等传统收藏品相比，老式家电有自己独特的优点，其中之一就是造假难度高。众所周知，诸如老瓷器之类的造假成本较低，可批量仿制，而老式家电的造假成本实在太高了，那需要整整一条生产线。

案例

老爷车

老爷车是汽车文化的核心部分，是特定时期的工业制造水平和历史文化的集中体现，是时代的缩影。事实上，老爷车完整地呈现了世界汽车一百多年的发展历程，从奔驰、福特、林肯、凯迪拉克、雪佛兰、别克等世界知名汽车品牌，到中国的红旗、上海牌等老国货，每辆老爷车都是历史沉淀的经典。可以说，老爷车不仅是现代工业文明的产物，也是汽车发展史的"见证者"，具有很高的收藏价值。

虽然老爷车的收藏已风靡全球，但其分类标准至今尚未统一。目前较为公认的是分为4类：第一类是古董车（Antique Car），于1930年之前生产，当时的汽车工业尚未形成产业规模，大部分汽车是手工打造的；第二类是古典车（Classic Car），指1930—1948年生产的、非常优质的一部分汽车；第三类是高档车（Prestige Car），指1946—1972年生产的高品质汽车；第四类是限量车（Limited Production），指二战后限量生产的特殊汽车。

老爷车的收藏市场，现在最成熟的还是在美国，从收购、维修、鉴定到销售都有严格的规范，应该说每个过程都有完整的档案记录。对于老爷车的修理，国际上有专门的修理厂，修理时会按照原装图纸精确到每一个零部件的编号，并根据这些信息最大程度地复原当年的状态。

管理老爷车的博物馆主要有两类：一类是像奔驰、宝马、奥迪这样的企业博物馆，这些博物馆的展品是企业自己的品牌；另一类是国家和私人投资的博物馆，比如法国国家汽车博物馆、英国汽车博物馆、比利时的汽车世界博物馆，我国的北京汽车博物馆、上海汽车博物馆等。

（2）实施策略。

时至今日，收藏品已不再局限于某类物件，也不局限于某类人群，因为如今的收藏爱好者注重的是收藏一种精神，收藏一脉文化，收藏一代人的记忆。通过专注于高品质产品的研发、设计、制造，把产品做成精品、艺术品，让每件产品将来均有机会成为"收藏品"，这应该是企业不倦追求的目标，具体可以参考以下策略。

一是研发设计要敢于创新。创新是一个国家和民族发展的不竭动力，是工业化进程的催化剂。创新以敢于摒弃旧事物、旧思想，创立新事物、新思想为特征，同时创新又以符合客观需要、遵循客观规律为前提，唯有如此才能促成创新成果，引领社会的发展。

二是生产制造要有"工匠精神"。一般而言，工匠精神包含了严谨细致的工作态度、坚守专注的意志品质、自我否定的创新精神及精益求精的工作品质。工匠精神的内涵可以从敬业、精业、勤业3个方面体现：敬业，即对所从事的职业有一种敬畏之心，视职业为自己的生命，是从"技"到"道"的领悟；精业，即精通自己所从事的职业，达到技艺精湛的地步，那些在我国历史上被称为"能工巧匠"的，不只是因为他们技艺熟练，更是因为他们所具有的创造性品质；勤业，即积极、勤奋、坚守、永不懈怠地从事自己的职业，是对工作的执着、对产品的负责。

三是销售服务要讲究诚信。诚信指为人处世要诚实守信，做到"言必信，行必果"。诚信精神要求社会中的每个人，包括企业，都要受自己诺言的约束，要信守约定。这既是古老的道德原则，也是现代法治精神的要求。在经济市场化、法治化、全球化的当下，诚信精神已成为建立现代信用社会的基石。

案例

把打火机打造成收藏品

Zippo（中文名"之宝"）创立于1932年，是一个知名的打火机品牌，其独特的烟囱式外形设计和出色的防风性能一直深受消费者青睐。在各国政府的控烟行动下，虽然打火机的使用频率已大不如前，但是Zippo别出心裁，将自己的打火机产品打造成了有收藏价值的艺术品。

Zippo非常注重打造产品的文化价值。例如，不断推出不同主题的限量款，有文化系列、名人系列等；不少品牌也纷纷与 Zippo 合作推出跨界联名款，当中就有麦当劳、可口可乐、万宝路、哈雷机车等著名品牌；近年来 Zippo 积极地与艺术家们展开合作，涉及喷漆画、火焰艺术、街头艺术、雕塑等多种艺术领域……

Zippo 不仅实用，而且"好玩"。网络上有不少关于 Zippo 打火机玩法的教程，有些是 Zippo 官方的推广行为，有些则是玩家的自发分享。巧妙的防风技术使其在环境恶劣的条件下依然可以打着火，而安全的燃油装置和有重量感的机身则给了玩家们更大的把玩空间。玩家们自发地钻研指法、交流心得、展示练习成果，就因为这样共同的兴趣爱好，他们在不知不觉中维系着品牌黏性。

事实上，虽然 Zippo 是不少男性消费者心目中排位第一的打火机品牌，但是据调查，世界上 70% 的 Zippo 卖给了不抽烟的女性。因为 Zippo 打造出了"表白神器"的属性，其精巧的外形使其成了女性送男性打火机时的首选。Zippo 还推出了"私人定制"服务——消费者可定制打火机的花纹样式和刻字的内容，这也让其大受欢迎。

经由种种另辟蹊径的运作，Zippo 收获了一大批忠实的用户，逐渐促成一股"收藏"的风潮。目前世界各地有上千万的 Zippo 打火机收藏者，Zippo 打火机已成了时尚收藏佳品。

第六章

产品的文化溢价
效应

产品文化定价权的大小由产品的文化溢价能力和溢价空间共同决定。产品的内在质量和性能是品牌的知名度、美誉度和忠诚度的物质基础，而凝结着文化内涵和魅力的品牌则会给消费者带来更多的精神享受。在经济全球化不断深化的今天，市场竞争日趋激烈，如果不能在产品中注入适当的文化元素和文化内涵，不仅难以通过文化附加值来提高产品的定价能力和市场地位，而且难以在市场上生存。而如果能有效地实施文化赋能，则会极大提升产品的内在价值，使得产品在激烈的市场竞争中获取相对强势的地位，产生显著的文化溢价效应。

第一节　溢价能力与空间

产品的文化价值是文化溢价能力的基础，一般情况下，产品拥有的文化元素越多，文化元素所蕴含的价值量越大，其文化溢价能力就越强。但产品的实际文化溢价空间与消费者的消费能力和消费者对该产品文化元素的价值认知程度有关，消费群体的消费能力越强，整体文化需求层次越高，对产品的文化消费需求越强烈，该产品的文化溢价空间就越大。产品溢价空间大小决定了产品的销售价格，也决定了产品的定倍率，融入文化元素的产品的溢价空间无疑会得到提升。

1. 文化溢价能力

溢价通常指那些超出预算的收益。产品溢价即产品的附加值，指在正常市场竞争条件下高出市场销售价的那部分价格。一款产品比竞争产品卖出更高价格的能力，称为产品的溢价能力，而该产品卖出的价格超出竞争产品所形成的价格差距称为溢价空间。

产品的文化溢价意味着，在正常的市场条件下，不考虑产品本身性能的差异，存在着因文化元素而产生的一些产品的价格高于另一些产品的定价差异。消费者受到这种文化差异的暗示后，愿意在同等条件下以更高的价格来购买产品。

比如，美国 NBA 当红篮球巨星詹姆斯代言的篮球鞋与中国 CBA 篮球运动员做广告推广的篮球鞋相比，溢价能力更强。再比如，同一型号的汽车，被赋予绿色环保概念的汽车的文化溢价能力要高于普通汽车。不同文化元素蕴含的价值量不同，相应地带给产品的文化溢价能力也不一样。当今企业品牌文化元素、明星文化元素等往往会给产品带来较强的文化溢价能力，国家形象对产品文化溢价能力的提升也具有一定的作用。

如果产品的文化价值契合了消费者的价值观，那么消费者会给予产品较高的评价，愿意支付更高的价格；反之，他们只愿意支付正常价格。以产品的外观和包装设计为例，产品的外观和包装设计所具有的审美价值会刺激消费者行为，诱发购买冲动，有助于锁定消费者，从而使销售者获得价格谈判能力。

智能手机的划时代产品 iPhone 4

2010 年 6 月 8 日凌晨 1 点（北京时间），乔布斯在美国莫斯考尼西会展中心举行的苹果全球开发者大会（WWDC 2010）上发布了苹果第四代手机 iPhone 4。乔布斯说，"她是如此完美，宛如一台精致的莱卡相机"。iPhone 4 问世之前，手机市场还是翻盖和滑盖手机的天下。iPhone 4 问世后，大家惊奇地发现，原来手机可以这么好看，"玻璃＋不锈钢"的外观是那么引人注目，500 万像素的摄像头拍照效果是那么好，iOS 系统是那么流畅。最重要的是，它舍弃了键盘，引入了多点触控功能，采用了视网膜级别的高清显示屏，让人享受到了科技的乐趣，远超当时的所有手机。

首批上市的 iPhone 4，3 天内在 88 个国家和地区销售了 170 万部，而且供不应求，想买到一部，排队三天三夜还算少的，有的地方排队人数甚至可以达到上千人。

这款手机的战略意义重大，堪称 iPhone 历史上最为经典的一款手机。

2．文化溢价空间

产品的文化价值还无法成为产品溢价空间大小的决定性因素，即产品的实际价格可能与之拥有的文化价值相悖。一个典型的例子是凡·高的画，在其生前只能卖出较低的价格，现在却能卖出数千万甚至上亿元的天价。可见，产品的实际文化溢价与消费者对该产品文化价值的认知程度，即符合消费者心理偏好和满足其期望效用的程度有关。某款产品所具有的文化内涵如果符合消费者对该产品文化价值的认知，并能满足消费者的文化消费需求和溢价支付意愿，那么该产品所拥有的文化内涵就会给产品带来较好的溢价效果。比如，一款名人代言的产品，若消费者认可这个名人并愿意以高出市场价的价格购买这款产品，说明该产品拥有较大溢价空间；但是，如果名人形象出现问题，消费者往往会在否认这个名人的同时也否认由其代言的产品，那么这款产品的溢价能力就会下降。

消费者不同的文化价值认同和文化消费需求给产品带来的文化溢价空间存在较大差异，对比不同类型的产品及其实际售价可以发现，消费群体的消费能力、需求层次及文化消费需求度等因素会在其中发挥重要作用。文化溢价空间大的产品，其消费群体的消费能力往往更高，整体文化需求层次也更高，对产品文化消费的需求更加强烈。

第一，根据马斯洛的需求层次理论可推知，满足自我实现需要、被尊重需要等高层次需求的产品，其文化溢价空间远大于满足生存需要等低层次需求的产品的文化溢价空间。比如，奢侈品能卖出远高于成本价的高价，主要是因为它们大多被贴上了体现成功或不同人生价值的文化标签，人们花高价购买这些奢侈品，更多地是为了向社会展示自己的价值。

第二，消费群体的消费能力，即该群体购买一款产品的实际出价能力的高低，影响着该产品文化溢价空间的大小。

第三，消费群体对某款产品的文化消费需求越强烈，对应产品的文化溢价空间就越大，这也是很多商家采取饥饿营销的原因。

其实，从功能和使用角度看，很多产品可以替代苹果手机，但苹果手机已经成为一种文化符号，是"科技 + 艺术"与"工业 + 文化"的完美融合。很多人不惜半夜排队以第一时间高价购买苹果手机，其实就是为了消费"苹果"这种文化，尽可能早地买到新款的苹果手机才能体现这种文化的价值。虽然隔一段时间后苹果手机自然会降价，但对"果粉"来讲，价格的降低远远弥补不了文化价值下降造成的损失。

再如，拍卖会上，经常会有人以远高于市场评估价的出价竞拍艺术品，或者一些喜欢张扬个性的人会在朋友面前高价购买彰显性格的个性化产品等，也是这个原因。此外，如果产品可以精准地定位某个稳定的文化消费群体，满足该群体共同的文化消费需求，就会获得稳定的溢价空间。需要指出的是，技术含量、质量和工业设计等因素对产品的溢价空间也具有明显的提升作用。

品牌是指消费者对产品及产品系列的认知，也是人们对企业及其产品、售后服务、文化价值的评价和认知，是一种信任。根据品牌的辐射区域，可将品牌划分为区域品牌、国内品牌、国际品牌；根据品牌强度，又可将其划分为顶级品牌、强势品牌、弱势品牌。层次越高的品牌带来的文化溢价越高，也就是说其产品可以卖得越贵。

品牌是提升产品文化附加值最有力的武器之一。不同层次的品牌给产品带来的文化溢价不尽相同，可根据消费者对产品价值高低的认可程度对产品进行度量，从低到高分别为普通品牌产品、名牌产品、奢侈品、艺术品。其中，普通品牌产品指有一定区域知名度和质量保障的产品；名牌产品指高知名度和高品质的产品；奢侈品指超出人们生存与发展需要范畴的，具有独特、稀缺、珍奇等特点的消费品；这里所说的艺术品则是一种以满足人们的某种审美需求及精神需要为目的，可流通于艺术市场的工业产品。

一般情况下，根据产品价值在市场获得消费者认可的程度，不同产品溢价空间由低到高总体上呈现如下态势：

普通品牌产品＜名牌产品＜奢侈品＜艺术品

市场上永远有两类竞争强者：一类不管做什么产品，价格就是比别人便宜；另一类不管做什么产品，价格就是比别人昂贵。成为后者，就意味着能以高出市场均价好几倍甚至十几倍的价格出售产品，或许这背后就有文化溢价的作用。一般来说，普通品牌产品在市场竞争中主要是拼价格；名牌产品在市场竞争中主要是拼品质；奢侈品、艺术品在市场竞争中主要是拼文化。

案例

地理标志产品的溢价效应

地理标志产品是指产自特定地域，所具有的质量、声誉或者其他特征本质上取决于该产地的自然因素和人文因素，经审核批准以地理名称进行命名的产品，如景德镇瓷器、西湖龙井茶、东阿县阿胶、山西老陈醋、郫县豆瓣、阳澄湖大闸蟹等。地理标志产品在生产环境、工艺技术、产品质量等方面有着特殊的要求，所以比普通产品更容易得到市场的认同。由于地理标志产品是以其所示的地理区域的存在为前提的，必须是某一特定地域的产物，并且是以源于这一地域的产品所具备的特殊自然因素、人文因素或者特殊性质为必要条件的，所以地理标志产品与同类产品相比具有不可替代性。

地理标志产品因其在质量、生产工艺上的特殊要求以及所具有的独特地域文化特征，与同类产品相比更容易获得市场认同，也能够以更高的市场价格出售，会为生产者带来溢价效应。溢价效应的存在可刺激生产者生产高质量的产品，促进其利润增长。

据统计，地理标志产品价格普遍高出同类产品 20% 以上。2000 年 1 月 31 日，"绍兴酒"成为中国第一个受到保护的地理标志产品。曾经，国际市场"绍兴酒"2/3 的份额被产自日本、中国台湾地区的"绍兴酒"所挤占。得到保护后，绍兴古越龙山酒厂面向日本的绍兴酒销量增长了 14%，塔牌绍兴酒销量整体翻了一番。2015 年，《北京日报》一篇题为《注册地理标志商标　大葱白菜身价倍涨》的文章报道，带有地理标志商标的产品价格，普遍比同类产品的价格高出 20% ～ 90%。章丘市生产的大葱在注册并使用"章丘大葱"地理标志后，其经济价值明显提高，由注册商标前的每千克 0.2 ～ 0.6 元上升到 1.2 ～ 5 元。著名的蓝山咖啡产自牙买加，独特的品质和声誉造就了其远高于其他同类产品的价格，每 500 克的售价高达 40 欧元，是普通咖啡的 5 ～ 10 倍。

3．文化溢价评估

（1）文化溢价测算。

在微观经济学中，产品的定价一般是从计算成本开始的：固定成本与可变成本之和就是产品的总成本，明确成本之后再加上一定比例的利润就构成了产品的出厂价格。由于大众消费品的生产模式和技术相对透明，进入市场的壁垒较少，由此形成了价格竞争激烈的格局，产品价格会随着需求和竞争而变化，进而达到一种合理的平衡。但是，当产品增添了文化内涵后，成本定价的模式就得改变，要将文化溢价考虑在内。

那么，文化溢价如何计算呢？对产品文化溢价的分析如图 6-1 所示。

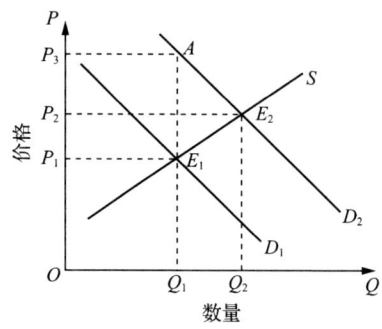

图 6-1 对产品文化溢价的分析

图 6-1 中，D_1 为根据消费者愿意支付的正常价格作出的产品市场的一般产品需求曲线。一般产品需求曲线与产品供给曲线（图 6-1 中的 S）的交点所对应的价格为产品市场均衡价格（P_1）。当产品对消费者而言具有文化价值时，消费者心理预期价格会发生改变，引发产品的溢价[①]。假设产品具有文化价值，那么在均衡数量 Q_1 处，消费者心理预期价格可能是 P_3 而非 P_1，因为 $P_1 < P_3$，所以若产品价格为 P_1，消费者对产品的需求量将增大，推动需求曲线由 D_1 向右平移到

① 周晋华. 中韩化妆品营销战略比较分析 [J]. 企业研究，2013(13): 24-27.

D_2，新的均衡点将是 E_2 点，由此对应的均衡价格是 P_2。于是，产品文化溢价值 V 为 P_2-P_1，即

$$V= P_2-P_1=f(D_1,\ D_2,\ S)$$

其中，V 为产品文化溢价值，S 为产品供给曲线，D_1 为一般产品需求曲线，D_2 为文化内涵产品需求曲线，P_1 为一般产品市场均衡价格，P_2 为文化内涵产品市场均衡价格。

例如，一件普通印花 T 恤衫经过成本核算和需求分析，初定市场销售价为每件 100 元（P_1），生产数量为 10 万件（Q_1），此时市场均衡点是 E_1。D_1 为 T 恤衫市场需求曲线，如产量扩大到 15 万件（Q_2），价格就可能下降到每件 70 元，如产量缩小到 6 万件，价格则可能提升至每件 150 元（P_2）。T 恤衫如何实现文化溢价呢？可以重新设计 T 恤衫图案，将其变成年轻人青睐的潮流文化衫，那么该产品可能会吸引一批年轻人前来购买。此时需求曲线变为 D_2，当把产量提高到 15 万件（Q_2），价格调整为每件 150 元（P_2）时，就形成了新的市场均衡点（E_2），于是：

每件 T 恤衫的文化溢价值 V 为

$$V=P_2-P_1=150-100=50（元）$$

从市场均衡点 E_1 到市场均衡点 E_2，企业 T 恤衫销售新增文化溢价收入 $V_总$ 为

$$V_{总}=V \times Q_2=50 \times 150\ 000=7\ 500\ 000\ （元）$$

（2）文化溢价空间测算。

定倍率是市场定价的一种方式，体现了企业对产品价值大小的初步判断。定倍率是用产品的零售价除以成本价来计算的：定倍率 = 零售价 / 成本价。

通常普通品牌产品的定倍率为 2 ~ 5；名牌产品的定倍率为 5 ~ 20；奢侈品的定倍率为 20 ~ 50；艺术品的定倍率为 50 以上。

当然，不同行业、不同企业、不同产品均有不同的定倍率，每个行业经过多年的发展，都会形成一个相对稳定的定倍率，例如，家电行业的定倍率一般是 2.5 ~ 5，鞋行业的定倍率一般是 5 ~ 10，服装行业的定倍率一般是 5 ~ 20，化妆品行业的定倍率一般是 20 ~ 50。如果细分到行业品牌，以服装行业为例，普通品牌服装的定倍率为 4 ~ 6，名牌服装的定倍率为 10 ~ 20，奢侈品的定倍率通常会达到 20 ~ 30 甚至更多。同样是具有使用功能的产品，其定倍率却存在如此巨大的差异，我们不得不思考其背后的深层次原因。

在生产成本一定的情况下，定倍率的高低主要和两个因素相关，一个是产品本身的溢价能力，另一个是中间流通环节的成本。定倍率确实不是越高越好。如果企业希望提升自身的竞争能力和盈利水平，需要提高的是"有效定倍率"，即在降低中间环节成本的同时提升产品自身的溢价能力，而不仅仅是简单地提升定倍率。

案例

茅台酒定倍率估算

关于茅台酒的成本与定价，市场上有多种测算。根据贵州茅台集团（以下简称茅台）2018年年报披露的数据，茅台酒销售量为32 463.95吨，营业收入为736.39亿元，其净利润为352.04亿元，纳税256亿元，税率为35%。

从这组数据里可以粗略计算茅台酒的成本价：茅台税后销售收入约480亿元，除去约352亿元的净利润，成本为128亿元，平均每500克茅台酒的成本价约为197元。当然，为了简化计算，这里并不考虑人工费、水电费、设备折旧及维修费、包装费等其他成本，也并未对53度和43度的飞天茅台，以及茅台王子酒等系列酒和某些特制的高档酒作出区分，但它们每500克的基酒的成本相差不大，所以可大略将计算出的197元成本视作1瓶飞天茅台的成本价。

就是这种成本价约200元的53度的飞天茅台，市场售价已经超过了2 000元，定倍率超过10。

产品文化溢价空间的大小决定了产品的销售价格，也决定了定倍率。文化溢价空间大，定倍率高；反之，文化溢价空间小，定倍率低。

一般来说，普通品牌产品的文化溢价空间小，名牌产品的文化溢价空间可以达到产品成本的好几倍，奢侈品的文化溢价空间可以达到产品成本的十几倍，而艺术品的文化溢价空间可以达到产品成本的几十倍，甚至几百倍。相应的文化溢价效应如图6-2所示。

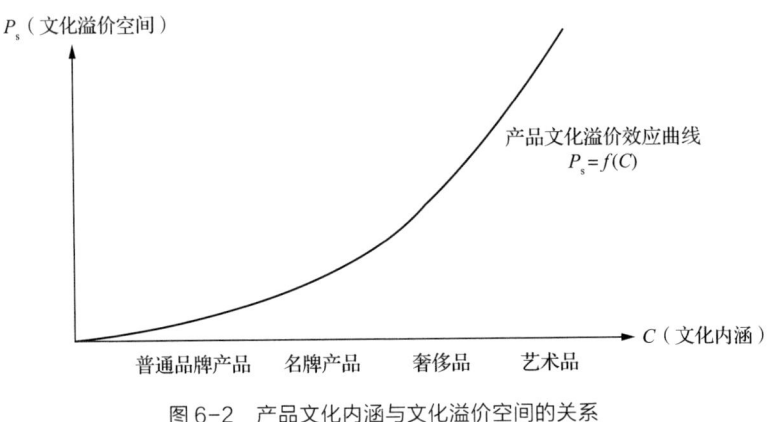

图6-2　产品文化内涵与文化溢价空间的关系

因此，产品的文化溢价空间与产品的文化内涵之间形成的文化溢价效应函数为

$$P_s = f(C)$$

其中，P_s代表文化溢价空间，C代表产品的文化内涵。

文化溢价空间的大小如何度量？可以采用文化溢价效应定倍率来确定。产品的零售价包含生产成本、中间环节成本、溢价等部分。因

此，考虑溢价部分全是文化溢价的话，

文化溢价效应定倍率 =(零售价 – 中间环节成本 – 生产成本)/ 成本价

从上述公式可以看出，产品的文化溢价效应定倍率肯定小于产品的定倍率。

案例

哈根达斯冰淇淋的文化定价

哈根达斯（Häagen-Dazs）是风靡全球的冰淇淋品牌，1921 年创建于纽约，目前在世界很多国家进行经营。在中国，哈根达斯冰淇淋以价格昂贵著称，是一款高端品牌产品。但与之形成鲜明对比的是，在美国，哈根达斯冰淇淋仅仅是一款大众冷饮产品，价格也远没有在中国那么高。

为对上述明显的差异化定价现象进行研究，我们首先对哈根达斯冰淇淋在不同国家的价格进行考察。考虑到文化因素可能在其中发挥的作用，我们既选择了文化与美国相似的一些西方国家，如英国、加拿大和法国，又选择了与美国有一定文化差异的东方国家，如日本和新加坡等。通过在沃尔玛、亚马逊等网上商城询价，委托在国外工作、生活的朋友、同事到店里询价等方式，我们考察了各国哈根达斯冰淇淋的价格，并选取常见的香草口味冰淇淋作为样本进行分析。哈根达斯冰淇淋在不同国家的产品包装规格有所差异，我们将其统一转化为以 100ml 为单位，并使用 2016 年人民币兑主要国家货币的年平均汇率，将其价格转为人民币计价。为了控制收入水平的影响，我们对各国 2016 年人均 GDP 数据也做了对比，具体结果见表 6-1。

表 6-1　世界部分国家哈根达斯香草口味冰淇淋价格及人均 GDP 对比表

国家	规格 /ml	价格	折合美元	折合人民币 /（元 /100ml）	2016 年人均 GDP/ 美元
美国	500	$3.40	3.400	4.515	57 467
英国	500	£4.2	5.560	7.543	39 900
新加坡	473	S$14.45	10.721	14.694	52 963
加拿大	500	C$4.97	3.866	4.980	42 158
法国	500	€5.69	6.727	8.353	36 855
澳大利亚	457	A$11.5	8.80	12.431	49 928
日本	473	¥1 050	9.345	13.586	38 894
中国	473	￥99	14.910	20.930	8 123

资料来源：作者根据 2016 年京东、沃尔玛、亚马逊等电商在各国的网站数据和调研资料整理所得。

可以看出在所选国家的价格数据中，在中国、新加坡、日本及澳大利亚，哈根达斯的价格都达到了 10 元 /100ml 以上，其中，中国的价格最高，其他 3 个国家的价格较为接近。在加拿大、法国、英国及美国本土，哈根达斯的价格则均在 10 元 /100ml 以下，其中美国本土的价格最低，不到价格最高的中国市场价格的 1/4。整体而言，哈根达斯确实在不同的大洲、不同的国家实行了不同的定价策略：在亚洲实行高价策略，而在欧美则实行相对较低的价格。当然，单纯对比不同国家的绝对价格会失之偏颇，因为各国消费者对某一具体消费品的需求偏好和各国收入间的差异均会影响同一产品在不同国家的市场价格。为了更好地对以上结论加以说明，我们进一步收集了美国、英国和中国3国市场中与哈根达斯具有同等竞争力的冰淇淋的价格数据进行横向比较，结果如表6-2所示。

表6-2　美国、英国、中国常见冰淇淋品牌（相似口味）价格对比表

	品牌	价格	折合人民币单位价格／（元/100ml）
美国	Häagen-Dazs	$3.40/500ml	4.515
	Ben & Jerry's	$4.40/500ml	5.843
	Breyers	$2.78/500ml	3.692
英国	Häagen-Dazs	£4.2/500ml	7.543
	Jude's	£4.0/500ml	7.184
	Green & Black's	£4.2/500ml	7.543
中国	Häagen-Dazs	￥99.0/473ml	20.930
	Wall's（和路雪）	￥23.9/335ml	7.134
	Nestle（雀巢）	￥12.8/310ml	4.129

资料来源：作者根据2016年京东、沃尔玛、亚马逊等电商在各国的网站数据和调研资料整理所得。

从以上价格数据可以看出，在美国市场，哈根达斯的价格与同级产品的价格差异不大，比Breyers均价高22%左右，比Ben & Jerry's低28%左右。在英国市场，其价格与同级品

牌 Green & Black's 均价相同，比 Jude's 仅高 5% 左右。但是在中国市场，哈根达斯的价格却比市场上其他品牌的均价高 300% ~ 500%，同级品牌间的价格差异巨大。为何同一品牌、同样品质的产品在中国和其他国家之间存在如此巨大的价格差异呢？为什么在人均收入相对较低的中国，哈根达斯却可以制定远超其在其他国家和其他品牌的价格？我们认为可以从文化相近性和产品的文化营销策略角度进行分析。

首先，从文化因素的角度来看，文化认知差异越大，对定价的影响也就越大。美国、加拿大因为地理位置邻近，人们对文化、习俗的认知非常相近，因而哈根达斯的定价基本相同；以英国、法国为代表的欧洲国家，文化、习俗虽与北美有一些差异，但北美早期遭受欧洲国家殖民的历史和政治因素，也使得双方的文化习俗具有共性，双方同属欧美文化圈，因此哈根达斯的定价基本相似，欧洲国家的定价略高于美国的定价；澳大利亚属于大洋洲，日本、新加坡属于亚洲，距离美国十分遥远，但由于历史原因，这 3 个国家的文化也深刻地受到了西方文化的浸染，因而哈根达斯的定价虽较高于欧美市场的定价，却也远低于中国市场的定价。

其次，通过对哈根达斯在中国的发展路径和经营策略进行分析，可以进一步地探究哈根达斯如何利用文化影响力在中国成功地实施了高定价策略。哈根达斯 1997 年进入中国市场，在进行业务布局时以北京为介入点，选择直辖市、重点省会城市、计划单列市为"发散点"，通过一系列行之有效的手段，打造自身所独有的产品文化和品牌，进而获得消费者的认可和喜爱。具体而言，主要从塑造高端的文化体验、将西方文化与中国本土文化相融合和注重文化定位的适时调整等措施着手，成功在中国消费者心中塑造了"高端、浪漫、时尚"的品牌形象，并把相应的文化价值也渗透到其产品之中。中国消费者消费的不仅是哈根达斯品牌的冰淇淋产品本身，更多地还消费着哈根达斯所体现的文化，而这种文化很大程度上来自西方社会自工业化以来几百年间形成的文化符号和文化信息，正是这些文化带来了哈根达斯的高额溢价。

哈根达斯进入中国时，国人开始注重追求更高层次的精神需求，而不少刚刚富起来的国人也开始通过高价购买某些特殊商品以显示身份地位，实现自我价值。然而，在交通和网络信息发达的今天，很多国人已经知道国内哈根达斯的价格与美国本土存在巨大差异，在这样的情况下，人们依然愿意支付更高的价格，这进一步说明了产品的文化定价权具有持久性，一旦成功地将文化融入产品，其能够给产品带来的文化溢价并不容易被模仿，而且会长期存在。

可见，在竞争日益激烈的市场环境中，融入文化元素的产品越来越受到消费者的青睐。在产品价格构成中，文化价值的比重不断提升，而消费者也可以从日益提升的文化价值中获得更多的精神享受。因此谁能够在产品中成功地融入文化元素，掌握消费者的文化诉求，谁就能在市场定价中掌握主动权。

第二节　品牌

品牌是企业的灵魂，是企业最为重要的无形资产。品牌与文化有着天然的联系，两者互为支撑，品牌的背后是文化，而文化是凝结在品牌上的企业精华，也是渗透在品牌经营全过程中的理念、意志、行为规范和团队风格的体现。消费者对品牌的认可，也是对产品、企业和品牌文化的认可，他们往往愿意为品牌文化支付溢价。培育和打造品牌是一项长期的系统工程，文化在其中起到凝聚和催化的作用，只有融入独特文化内涵的品牌才能在激烈竞争中处于优势地位。

1. 品牌文化

品牌是一个企业的无形资产，是一种识别标志、一种价值理念。品牌也是技术和管理的结晶，文化与品质的体现。它不具有独立的实体，不占有空间，它的目的是让消费者通过一个比较容易记忆的形式来记住某一产品或企业。品牌不同于产品，二者最大的差别就在于，任何一种产品都有生命周期，伴随着科技进步与消费需求的变化，会依次经历市场导入期、成长期、成熟期和衰退期，不论多么货真价实、经久耐用的产品都不可能永远畅销、长盛不衰。然而，品牌一旦建立，就会在消费者心中形成某种价值认知，只要对品牌善加维护和提升，它就会具有持久、顽强的生命力。品牌的发展，不受产品生命周期和时空地域的限制，可以实现基业长青、历久弥新。

牛津大学赛德商学院教授斯蒂芬·沃格（Steve Woolgar）博士认为，"在21世纪的今天，品牌是一个企业的灵魂，也是一个国家和地区经济实力的象征"。企业的责任是为社会公众提供优质产品和良好服务，长期坚持并得到市场认可，就形成了产品和服务的品牌。当今社会，市场竞争日趋同质化，一个工业企业的产品、品质、技术、管理手段、渠道、服务等很容易被竞争对手复制、模仿，很难形成持久的竞争优势。但是竞争对手无法复制一个卓越品牌，品牌是独一无二的，是企业避免陷入同质化竞争的最后一道屏障，是企业参与市场竞争的核心竞争力。

对任何一个品牌而言，要让自己的产品在不断变化的市场中屹立不倒，一个支持它生存发展的核心技术是关键。比如，车的款式设计不断变化，但是独有的技术特征却始终如一，并由此形成文化，作用于品牌。当谈到动力强劲的发动机，我们可能会想到宝马；当说到汽车的安全性，我们可能会想到沃尔沃；当讲到汽车的质量"零缺陷"，丰田可能会进入我们的脑海。正是这些不同品牌的技术特长，构成了它们区别于其他汽车品牌的品牌文化。

另外，品牌作为一种经济现象，在社会生产力发展的不同阶段有着内容、表现形式等方面的差异，它是市场竞争的必然结果。激烈的市场竞争，要求产品必须树立品牌，而品牌必须拥有独特的核心价值；产品之间的可替代性也要求品牌必须拥有不可替代的核心价值，这个核心价值在某种程度上表现在产品文化上。知名品牌之所以对消费者有着强大的感召力和吸引力，主要就是因为名牌所体现出的文化价值和文化精神，文化赋予了品牌更大的想象空间和更强的感染力，也使得产品品牌更加鲜活、更加具有人情味。融入文化元素的品牌战略的实施，将有效提升企业的核心能力，从而有助于企业获取产品的文化定价权。

品牌文化是企业构建的、被目标消费者认可的一系列品牌理念文化、行为文化和物质文化的总和。品牌文化通过使产品物质效用与品牌精神高度统一，能超越时空限制带给消费者更多深层次的满足、心灵的慰藉和精神的寄托，能让消费者心灵深处形成潜在的文化认同和情感眷恋，将来它们可能成为消费决策的依据[1]。

这种由品牌文化带来的心理感受与认同，是联系消费者心理需求与企业的平台，是品牌建设的最高阶段，目的是使消费者在消费企业的产品和服务时，能够产生一种心理和情感上的归属感，并形成品牌忠诚度。比如，我们一提到麦当劳，就会想到窗明几净的就

---

① 王新业. 产品 IP 化：从"新"定义营销的身份 [J]. 销售与市场（管理版），2018(2)：17-19.

餐环境，以及充满个性的"我就喜欢"广告语，这些都是麦当劳企业和品牌文化的具体体现，也代表着便捷、清洁、舒适的美国快餐文化。

2．品牌溢价效应

（1）品牌溢价。

品牌溢价是品牌的附加值，一个品牌产品的价格高出竞争品牌同类产品的部分，称为品牌的溢价能力。在正常市场竞争条件下，技术水平与功能相似的产品，却因品牌不同而具有不同的售价，这就是品牌溢价效应。品牌溢价能力是企业获得更高售价、更高利润率的有力武器。

买一件普通的衬衣也许只需要 40 元，但如果将这件衬衣贴上 Prada（普拉达）、Zegnal（杰尼亚）、Dunhill（登喜路）等服饰品牌的标志，它的价格将至少是 400 元，这一"从丑小鸭到白天鹅"的巨大转变正是品牌溢价的功劳。再如，通用电气采购中国的格兰仕微波炉，然后"贴上"自己的牌子，价格马上就比原来高了好几个档次。

中国曾被称为"世界制造工厂"，凭借廉价而且熟练的劳动力，制造出许多价廉的产品，一时间标有"Made in China"的产品遍布世界各地，但是，贴有中国牌子的产品在国外一度成了低价位、低档次的代名词。其实，中国企业经过多年的发展，产品质量有了长足的进步，一些技术达到了国际一流甚至领先的水平，中国缺少的是自己的国际品牌。

企业经营的主要目的是追求利润，而溢价能力是通过提高产品价格来追求利润率，而不是致力于生产成本的控制与降低。全球著名广告公司恒美（DDB）指出，一个强势品牌的产品价格可以比其他一般品牌高出40%，同一市场上排名第一的品牌，平均而言可以比排名第二的品牌多出10%的溢价。一个卓越的品牌会产生溢价能力，关键在于消费者能感受到品牌的形象并认同品牌的文化[①]。

（2）溢价因素。

消费者在买产品时总是以实现利益最大化为目的。所谓利益最大化，就是在产品给自己带来一定的期望效用时，所耗费的成本最小，或者是在一定花费的基础上，产品带来的期望效用最大。购买产品时，由于信息不对称，一部分消费者愿意为那些拥有好的信誉的名牌付出更多的代价，以减少不确定性带来的损失，这样名牌便能获得较高的品牌溢价支付意愿。与此同时，为了保持或者提高其品牌溢价能力，企业会加强产品的品质管理，致力于建立长期的信誉，提高自己品牌的价值。

---

① 郭筱君. 从品牌文化看奢侈品的溢价效应 [J]. 市场营销导刊, 2006(5):65.

在选择商品的过程中，似乎存在着这样一个评价标准：购买名牌多支付的品牌溢价应该小于等于购买普通品牌或没有品牌的同种商品可能带来的损失，只有这样消费者才会购买名牌。

对于消费者的期望效用与品牌溢价支付意愿之间的关系，至少可以得出以下推论。

一是并不是所有的消费者都愿意支付品牌溢价，那些对品质敏感的消费者比那些对品质不敏感者更愿意支付溢价，但那些对价格敏感的消费者没有那些对价格不敏感者那么愿意支付品牌溢价。

二是品牌经营必须建立在良好的产品品质和服务的基础上，只有提高产品品质和服务的质量，才能发挥品牌作为信誉载体的作用。

三是品牌知名度越高，向消费者传递的信息就越强。为了规避购买其他品牌所带来的不确定性，一些风险厌恶型的消费者更愿意购买知名度较高的熟悉品牌，这些品牌可以获得更高的品牌溢价。

四是产品品质的变动幅度会影响品牌溢价的高低。产品品质变动越小，产品品牌的溢价能力越弱，反之则越强。这也意味着，产品的内涵越丰富，品牌溢价能力越强。

五是产品品牌溢价效应的强弱与当前市场上类似产品的品牌数量有关。显然两者之间成反比关系，即随着类似产品的品牌数量的增加，品牌溢价效应可能会减弱。因为众多的品牌之间肯定会进行激烈的竞争，这种竞争最容易演变为价格的竞争，从而导致消费者品牌溢价支付意愿降低。

（3）品牌溢价策略。

一般而言，优质的品牌通常具有良好的文化底蕴。消费者购买产品时通常会根据品牌进行选择，因为品牌所代表的不仅是产品的功效和质量，还有产品的文化品位，是生产者对产品品质和服务的一贯性承诺。

经济学原理告诉我们，价格围绕价值上下波动。例如，一件优衣库的T恤定价99元符合市场规律，但在2019年有了KAWS的IP加持，T恤上仅多印了一个形象，一件普通T恤的价格就会超越其本身的"使用价值"，销量也能翻几十甚至几百倍。疯狂抢购T恤的人可以分为3类：第一类是KAWS的粉丝，出于喜欢而抢购；第二类是跟风的人，不知道KAWS是谁，也不理解他的作品和艺术风格，但看到很多人抢就觉得这是一种流行趋势，或者希望借此获得一些社交谈资，其实是盲目地随大流；第三类就是看到了商机的人，想转手再赚一笔。这3类人有一个共同预期：这几款T恤的价值高于99元，价格看涨，所以不论是自己穿还是转手，抢到就能赚到。

媒体记者在后续的采访中也发现了一些现象，有些人觉得优衣库的T恤太难看，有些人不明白为什么要抢，有些人心甘情愿地为此掏钱，冷眼与疯狂形成了鲜明的反差，这种现象再次证明了"汝之蜜糖，彼之砒霜"，一件产品不可能让所有人都满意。优衣库 T 恤的 IP 营销为产品增添了文化附加值，虽然价格没有提高，但给部分消费者的感受是"太值了"。当然，IP 形象的价值不好估量，它建立在人们的喜爱程度上，一件有 IP 加持的 T 恤，99 元有人买，999 元也有人买，9999 元可能还是会有人买，买的人总会觉得它很值。如果企业想实现营销收益最大化，就需要找出产品期望效用与品牌溢价支付意愿的平衡点，找到消费者接受产品文化定价的认同点。

品牌溢价主要体现在以下几方面。

一是提升品牌价值。品牌不仅是符号或它们的集合体，而且是企业营销活动思想和行为的复合体，是企业的全部。因而，品牌的构建不仅是品牌符号化、品牌知名度增长的过程，而且是在打造联系企业和消费者的桥梁，它是企业营销产品的有效手段，是企业在竞争中取胜的关键。品牌的构造要从品牌的价值发现入手，在品牌要素的各个方面体现品牌的价值观，用品牌文化提升品牌价值。

二是促进企业与消费者之间的融合。品牌文化不是单一的"企业品牌文化"，它是企业与消费者文化的融合和再造。文化沟通是以价值共识为基础的，消费者与企业不是对手，而是产品或企业价值实现的不同环节。品牌文化的本质是建立有效的"顾客品牌关系"，与消费者进行品牌对话，真正让消费者参与品牌建设，让消费者理解品牌、接受品牌、体验品牌，进而喜爱品牌。

三是实现品牌个性差异化。在品牌营销中，品牌个性差异化是塑造品牌形象、吸引消费者眼球、与竞争对手相区别的重要手段。品牌个性差异化的实现，要从品牌文化入手，在品牌价值的基础上，结合企业特性，塑造品牌的个性特征。

四是增强产品的市场竞争力。卓越的品牌文化能帮助企业在市场竞争中建立竞争优势，建立起识别度高的亲和、善于沟通、富有关怀心的品牌形象，拉近与消费者的距离，继而保持竞争优势，培养消费者的品牌忠诚度。

3. 品牌建设

培育和打造品牌的过程也是不断创新的过程，企业自身有了创新的力量，才能在激烈的竞争中立于不败之地，而这又主要依托于品牌的文化内涵，具体而言是其蕴含的深刻的价值理念和情感内涵，也就是品牌所凝练的价值观念、生活态度、审美情趣、个性修养、时尚品位、情感诉求等精神层面的内容。

打造一个品牌，特别是知名品牌，是一项长期、系统的工程，并非一朝一夕的事。企业打造品牌的目的是将区域性的普通品牌转变为品质和价值能被广泛认可的知名品牌，甚至著名品牌，即名牌。名牌是信誉度、美誉度、知名度的统一，其基本要素包括：具有较高的知名度和美誉度；产品竞争力强，市场占有率高；工艺精湛，内秀外美；质量可靠，服务优良；消费者对它有信任感、安全感和荣誉感。

名牌代表着品质，名牌沉淀着文化；名牌引导时尚，名牌激励创造；名牌装点生活，名牌跨越国界。名牌之所以对消费者有着强大的感召力和吸引力，主要是因为名牌所体现出的文化价值和文化精神。没有文化内涵的品牌缺乏吸引力和想象力，自然难以形成市场影响力。在打造名牌的过程中，文化起着凝聚和催化的作用，企业要把独特的文化内涵融入品牌建设中去，具体策略如下。

第一，品牌文化契合消费群体的价值理念。品牌的核心价值要紧紧围绕产品本身能够提供的价值，并且能够随着消费者心理需求的变化而变化。任何企业，不论它有怎样的品牌，或者多么优秀的品牌文化，倘若不能符合目标消费群体的价值理念，那么该品牌也是没有价值的。也就是说，品牌文化是由企业设计和执行的，但是品牌传递出的价值理念能否被认同，能否产生经济效益，需要市场作出评价。例如，20世纪初的福特公司用一个流程生产了近20年一样的黑色轿车。但是今天，消费者越来越不认同一个模子出来的产品，他们喜欢独特的、个性化的产品。当然，产品在造型、设计、营销模式上的差异化只是一种形式表现，价值理念上的差异才是深层次的差异，产品的价值理念与消费者契合，才能满足消费者的心理需求。

第二，在产品生产过程中注入满足不同消费群体需求的文化。企业普通品牌和名牌的市场定位和目标要求肯定不同。企业产品很难满足所有消费者的需求，因此品牌倡导的价值主张有层次之分，以满足不同需求层次的消费者。品牌文化高层次的价值主张满足消费者的情感需求、自我实现需求等；品牌文化基本层次的价值主张满足消费者对品牌商品质量、服务、安全、性能等的需求。因此，企业应在产品生产过程中注入满足不同消费群体需求的文化意识，让产品成为文化载体，反映不同需求层次的消费者的审美观和道德观。

第三，通过多重手段传播品牌文化。在长期的品牌塑造过程中，为了便于公众识别和记住品牌，企业的广告宣传应实现广告主题、风格、视觉形象的连续性和一贯性。企业可以从营销策划、促销活动、广告宣传、客户关系等各个方面进行整合，让消费者能够体会到品牌的精神、个性和文化内涵，还应尽可能地挖掘典故、仪式和人物等文化载体来展开传播，让品牌文化鲜活和生动起来，形成具有忠诚度的品牌消费群体。要借助大众文化和消费者心理特征，形成自己的文化群体。但不同行业的表现有所不同，比如，商用轿车瞄准商业人士，体现的是一种成功者的风度、气质和不屈精神；麦当劳、肯德基瞄准少年儿童，崇尚的是美国式的快餐文化；星巴克瞄准都市白领，塑造的是一种忙里偷闲、讲求情调和品位的咖啡文化。

第四，结合目标市场赋予品牌文化新的内涵。品牌文化不是完全独立的体系，它与企业文化、企业战略、品牌定位、营销等有密切联系。品牌文化与企业文化的联系尤其关键，甚至有些品牌文化的理念直接来源于企业文化的表述，只是具体的阐释和强调的重点不尽相同。在经济全球化的当下，如果想让产品走出国门，占领海外市场，就要针对不同的社会背景和地域文化，充分考虑目标市场消费者群体的文化背景、知识背景、民情习俗、宗教禁忌、审美情趣等，通过品牌策划重新赋予品牌新的文化内涵，使之融入当地人文环境，提升自身渗透力，从而使品牌所代表的产品被充分认识和认同。

第五，建立超值的、独具魅力的品牌文化。产品的内在质量和性能是品牌知名度、美誉度和忠诚度的物质基础，以此为基础，通过上述过程，以更持久的方式把产品的文化内涵转变为企业品牌内涵，厚积品牌资产，建立起超值的品牌文化，让目标受众从品牌形象中感受到品牌的民族化、特色化和亲和力，引导消费者的购买倾向，促进产品销售，从而获取或巩固产品的文化定价权。

案例

中国一汽红旗的品牌塑造 ①

中国第一汽车集团有限公司（以下简称一汽），位于中国吉林省长春市，前身为 1953 年 7 月 15 日成立的第一汽车制造厂。经过近 70 年的发展，一汽已成为年产销 300 万辆级的大型汽车企业集团。

"红旗"是一汽直接运营的高端汽车品牌，对中国人而言，红旗不仅是一个著名的汽车品牌，还代表着一种深切的

---

① 邱现东. 工业文化为红旗品牌振兴崛起蓄势引航 [R]. 长春：第五届中国工业文化高峰论坛, 2021.

情怀和神圣的记忆。1958 年，第一辆红旗牌轿车诞生，成为国家领导人和国家重大活动的国事用车。20 世纪六七十年代，红旗轿车堪称中国汽车工业的一面旗帜。改革开放后，红旗在继续承担国事用车重任的同时开始了市场化进程。2018 年 1 月 8 日，一汽发布新红旗品牌战略，2020 年红旗品牌车销量突破 20 万辆，成为中国汽车产业的一道亮丽风景线。

作为中国汽车工业的优秀文化代表，作为承载民族骄傲与情感最多的汽车品牌，红旗始终坚定"文化自信"，坚持把中华优秀传统文化和世界先进文化、现代时尚设计、前沿科学技术、精细情感体验深度融合，以理念引领、用文化赋能，以"四高"策略——高尚品牌、高新技术、高端产品、高精品质，引领民族汽车品牌持续向前发展。

一是坚持"中国式新高尚精致主义"的品牌理念，全力打造新高尚品牌。红旗品牌拥有着象征"高山飞瀑、中流砥柱"的格栅，"气贯山河、红光闪耀"的贯通式旗标，"梦想激荡、振翅飞翔"的前大灯，"昂首挺胸、旌旗飘扬"的腰身，"流彩纷呈、定海神针"的轮标，以及"中华瑰宝、经典永恒"的汉字"红旗"尾标，处处向社会和公众展示着中华文化之美，着力实现以文"化"人，用中国的、民族的汽车文化感召、吸引消费者，品牌的影响力、美誉度和受喜爱程度持续提高。

二是坚持"崭新独创、全球首发"的技术理念，加速掌控高新技术。把"崭新""独创""首发"作为一汽科技创新的鲜明导向、独特标签。实施"创新·2030中国一汽红旗阶旗技术发展战略"，创建全球化研发布局，大力开展技术攻关计划，构建央企创新联合体，千方百计集聚创新要素。

　　三是坚持"极致梦幻、秒杀惊艳"的产品理念，持续推出高端产品。坚持把发展置于社会历史的进步当中，紧扣社会主要矛盾的变化，着力满足新时代人民对"美好生活、美妙出行"的追求，加快打造覆盖L、H、Q、S四大系列的极致领先产品。例如，H5、HS5、HS7、H9、E-HS9、E-QM5、S9等车型的推出，引起了社会关注，引爆了市场消费，为红旗的跃迁成长奠定了坚实基础。

　　四是坚持"极致标准、极致要求"的品质理念，坚决锤炼高精品质。大力坚持"HQ365+1"质量文化，始终把质量作为企业发展的最根本要求，强调"质量第一""质量是一切工作的生命线、红线、底线"，并以"极致安全、极致健康、极致可靠、极致舒适、极致工艺"等为关键，创建并运行一套高于或等同于国际领先豪华品牌的质量标准、管理体系等，天天抓质量、人人扛红旗，用心做好每一天，持续提升用户体验，努力实现"产品零缺陷、交付零等待、使用零烦恼"的目标。

作为现代工业文明的结晶，汽车从诞生的那一刻起，就烙下了深刻的文化印记，极大地改变了人们的出行方式、生产方式、居住方式和休闲方式，极大地丰富了人们的精神文化生活。在汽车文化助力企业转型升级方面，一汽坚持"文化+"的发展思路，不断丰富传承和弘扬汽车文化的思路和章法，探索文产融合新业态，拓宽文化的深度和广度，提升汽车的附加值和影响力，助力企业实现更高质量、更高水平的发展。主要做法如下。

一是打造文化地标。致力于保存文化记忆、展现工业魅力，建设中国一汽展馆、红旗文化展馆，展现一汽自创建以来的奋斗历程和发展成就。打造红旗创新大厦，内设全球首个"智能化全场景数字展馆"，全方位向观众展示红旗的品牌、科技和文化等，成为人们了解一汽、感悟红旗的"网红打卡地"。

二是创新文化体验。坚持文化为魂，提升产品体验，创新成立"红旗尊享定制中心"，满足人们对"高端尊享""个人专属""极致体验"的新需求。积极探索和发展工业旅游，以红旗可视化工厂为载体，让人们近距离体验汽车制造过程，感受红旗产品魅力，向社会普及汽车文化。聚力打造文创产业，将"尚、致、意"理念与文创产品融合在一起，不断拓展文化外延，增加客户触点，吸引各圈层客户关注红旗、购买红旗。

三是推进产城融合。提出并实施以新能源智能汽车产业链为核心链，融新型消费链、智能绿色交通出行链、智慧能源链、新基建链等"五链"为一体的未来型智慧绿色城市汽车生态系统。努力打造"宜创、宜业、宜居"的美丽城市，美妙出行，为汽车文化注入新内涵。

第三节　奢侈品

奢侈品作为区别于普通商品的一类特殊商品，其价值形成的关键不在于其使用价值，而主要是其精神文化价值。奢侈品拥有卓越的溢价能力与空间，它能够获得高溢价的主要原因，在于它能成功建立品牌的核心精神与价值观，形成鲜明且独树一帜的奢侈品文化，并成功地向消费者传递这种品牌形象与文化特质，使得消费者愿意为之支付高额的文化溢价。而要打造一款成功的奢侈品，宏观环境、文化背景、创新创意、工艺品质、传承守正、精准定位、高端策略和品牌管理等因素不可或缺。

1．奢侈品文化

奢侈品是一个与"必需品"相对的概念，可以简单分为大众奢侈品和高端（或顶级）奢侈品。在国际上，奢侈品被定义为一种超出人们生存与发展需要范围的，具有独特、稀缺、珍奇等特点的消费品。在经济学上，奢侈品指的是价值与品质关系比值非常高的产品；从另外一个角度看，奢侈品又指无形价值与有形价值关系比值非常高的产品。

法国高等商学院教授卡普雷（Caprai）认为，"有别于其他商品，奢侈品是人人所想要，却只有少数几个幸运儿能拥有的商品"。奢侈品不同于时尚，可以将其理解为"奢侈品牌"或者"奢侈产品"。如果仅仅将奢侈品理解为高级消费产品，那么无可争议，那些以稀缺资源为原料加工的产品，都属于这个范畴，如黄花梨家具、玉石工艺品、钻石戒指等。

奢侈品源于欧洲，虽历经几百年历史的更迭，但时至今日，它依然在社会文化领域扮演着重要的角色。凯旋门、卢浮宫、葡萄庄园、美食等法国独特的文化元素是造就这一奢侈品大国的主要因素。中国曾经也是奢侈品的产出大国，从古代丝绸之路开辟之时起，中国的瓷器、丝绸、香料等物品都是国外民众乃至皇室争相购买、追捧的产品，那其实也是奢侈品。

奢侈品的价值关键不在于其使用价值，而主要是其精神文化价值。人们追逐奢侈品，不仅是因为将其视为自我地位和财富的象征，还出于对精致、优雅生活的美好向往。因此，奢侈品设计的内核，在于其精神内涵的赋予和价值意义的建构，要创造极端体验，向着绝对最好的目标，不停地挑战品位和质量的极限。

奢侈品代表一种彰显自己的品位与格调的生活方式，美国经济学家凡勃仑（Veblen）认为这是一种"炫耀性消费"，而当下流行的奢侈品也正迎合了全球消费结构向高端化、时尚化、享受型升级的趋势。选择拥有某一奢侈品，表达了人们对该产品所承载的文化、梦想及生活态度的认同。人们通过对意义的认同，获得满足感和价值感。今天的奢侈品通过电影、广告、肥皂剧、时尚杂志和形形色色的生活指南，塑造着我们的审美趣味、饮食习惯乃至生活方式[①]。

奢华的文化环境需要营造与延续。一件奢侈品，可能需要耗费数月的制作时间。但是一个奢侈品品牌需要数十年才能形成，随后能够延续超过百年，例如轩尼诗（1765 年创立）、江诗丹顿（1755 年创立）、尚美（1780 年创立）、芝柏（1791 年创立）、芝华士（1801 年创立）等品牌都延续了 200 年以上；时间较短的也需要数十年的时间积累，诸如阿玛尼（1975 年创立）、范思哲（1978 年创立）等。奢侈品品牌的形成需要历史与环境，欧洲奢华之风的产生和发展与皇室消费密切相关，它是皇室贵族兴衰的晴雨表。卡地亚、路易威登、爱马仕等之所以成为奢侈品品牌，无疑都与成为皇家的御用品关系密切。

人们对于奢侈品的态度，大致有炫耀、竞争和享受 3 种类型。炫耀型消费主要是为了"展示自我优越感"和"排他"；竞争型消费是以消费作为竞争手段，展示自己的能力；享受型消费是通过奢侈品的高质量服务提升自己的生活品质，从而享受高雅生活情趣，打造精致

---

① 宫浩钦. 奢侈品的设计理念和设计哲学 [J]. 开封教育学院学报，2013, 33(5): 266-267.

生活方式。这 3 种类型，展示出奢侈品消费的三重境界。

值得一提的是，有时奢侈品也会随着时间的改变产生变化。总体上看，随着时间的推移和技术的进步，奢侈品往往会变成日用品，为每个普通人所享用。例如，清朝王公贵族会在头一年的冬天采集、储存大量冰块，等到来年夏天使用。由于没有制冷技术，到了夏天，冰块就会有不小的损耗。正因为冰块极不容易储存，所以在那个时候，使用冰块属于奢侈享受。现在制冷技术普及，很多家庭都有电冰箱，冰块成为极为平常的东西。可以说，奢侈品向日用品转化的过程，也是人类科技进步和生活质量提高的过程。纵观商品发展史，电冰箱、洗衣机、空调、电话、汽车，无不如此。

奢侈品设计在引领时尚潮流、改善生活品质、倡导新生活方式方面能够发挥重要作用。奢侈品设计的内核在于其精神内涵的赋予和价值与意义的建构。将一件商品做到极致、完美，它就成了奢侈品，因为对完美的追求最能触发一种全新的生活意识，与书写有关的万宝龙、与计时相关的劳力士、与香水相关的香奈儿、与皮包相关的路易威登等莫不如此，高于日常生活是它的价值所在。对许多人来说，奢侈品处在一个可望而不可即的高度上，才激起了他们追逐的欲望。

奢侈品的出现让产品品质登上了一个新台阶：它通过超越平凡、追求卓越，营造了"终极的精神世界"；它将人们的注意力从平庸产品上移开，倡导新的消费习惯，推广新的生活方式；它促使人们开始在哲学层面思考人与事物之间的全新关系，感悟人的生命精神和人生价值。总之，奢侈品不仅是具有"顶级品质"的产品，更代表着一种独特的生活方式。

2. 奢侈品溢价效应

奢侈品能够获得高溢价的主要原因是其拥有品牌的核心精神与价值观，并向消费者传递出一致的品牌形象与个性，从而促使奢侈品文化的形成，并产生了附加值。消费者购买奢侈品不仅仅是因为其功能，比如，消费者不需要买第二只或第三只手表来看时间。奢侈品激发的是人们的一种渴望而不是需求，对奢侈品的文化、历史的认知，唤起了人们对功能性之外的东西的渴望，而价值的创造即来自对这种渴望的满足。消费者认同此种文化并将其与自我风格相结合，产生情感上的附加价值，正是这种附加价值为奢侈品创造了高额的利润[①]。

市面上普通皮包的价格从 10 美元到 100 美元不等，具体取决于其制作成本。但一个奢侈品品牌皮包的价格可能在 1 000 美元以上，直至几万美元。有人向 LVMH 的总裁伯纳德·阿诺特（Bernard Arnault）提出质疑，无论如何计算工匠的薪水、皮革的价钱与营运成本，都无法达到单件奢侈品的价格。LVMH 总裁回答："这就如同无论如何计算毕加索的画的原料费、画布费与框架费用等，都无法达到

---

① 郭筱君. 从品牌文化看奢侈品的溢价效应 [J]. 市场营销导刊, 2006(5): 62.

上千万美元那么高。"

根据法国贝恩公司的研究，2018 年全球奢侈品市场总销售额为 1.2 万亿欧元。LVMH 集团是全球最大的奢侈品集团，它的产品主要涉及手提包、配饰、服装、腕表、皮具、酒类、珠宝等领域，旗下拥有 50 多个全球顶级奢侈品品牌，其中包括路易威登、纪梵希、迪奥、轩尼诗、罗威、宝格丽等品牌。LVMH 集团公布的 2018 年财报显示，集团年销售额高达 468 亿欧元，净利润为 64 亿欧元。据估算，LVMH 集团毛利率高达 60%，整个奢侈品产业的毛利率则维持在 40% 左右。

奢侈品具有一定的保值功能，并形成了一套独特的商业模式，许多奢侈品维持品牌高贵身份的方式就是很少打折，且不断涨价来刺激需求，价格标低了，反而可能遭受到冷落。产品过季往往也不会在奥特莱斯进行销售，而是直接销毁，为的是让市场处于"半饥饿状态"。这种商业模式强调的是与消费者建立一种"距离感"，够不着的才是奢侈品。在这个行业，价格不是问题，大家信奉的是"你觉得值就值"，如果 LV 包标价 800 元，消费者肯定会产生一致的反应：假货！

以 50 年经典不败的香奈儿 2.55 菱格纹口盖包为例：1955 年，可可·香奈儿（Coco Chanel）设计并推出这款包时，它的定价为 220 美元；1999 年为 1 150 美元；2009 年为 2 695 美元；2011 年为 3 900 美元；

2013 年为 4 400 美元；到了 2015 年全球调价之前，要花 4 900 美元才能把它买到手。它涨价的幅度远远超过了通货膨胀率。

在奢侈品中，产品的价格与产品的成本没有严格的对应关系，高价格并不意味着高成本，但它一定以高价值作为基础。这种附加值往往可以满足消费者更高层次的需求，如审美的需求、自我实现的需求等。奢侈品的魅力在于它可以给消费者带来额外的精神享受，正是这种感觉让奢侈品企业能够获得超额的溢价。

在经济学的价值规律中，奢侈品的定价独树一帜，走高价路线是奢侈品定价的黄金法则。就定价体系而言，奢侈品和大众消费品之间确实存在很大的区别，这或许就是建立在大众消费品营销逻辑上的理论无法适用于奢侈品品牌的原因之一。

不同奢侈品价格之间的可比性不强，选择普拉达或是阿玛尼绝对不是因为两者中哪个便宜。奢侈品也不会为了开拓市场而打价格战，奢侈品有名气高低之分，没有昂贵和廉价之分。

一般来说，产品的定价方法有成本导向、需求导向、竞争导向、心理导向定价法等。在奢侈品行业，不同的奢侈品定价方式不同，可能是考虑成本、需求、心理导向的综合定价，但可以肯定的是，成本与需求因素的比重较小，文化价值和心理因素的比重较大。

在产品销售中常用的定价模式是成本加成定价法（cost-plus

pricing）。成本加成定价法是按产品单位成本加上一定比例的利润制定产品价格的方法，也就是在产品成本上增加一部分盈利的方法，其价格计算公式如下：

价格 = 单位成本 + 单位成本 × 成本利润率 = 单位成本 ×（1+ 成本利润率）

其中，单位成本是指生产单位产品平均要耗费的成本，一般用总成本除以总产量计算得到，是将总成本按不同消耗水平摊给单位产品的费用。

第一种奢侈品定价方法就是在成本加成定价法的基础上，将"成本利润率"变为"加倍系数"：

奢侈品价格 = 单位成本 + 单位成本 × 加倍系数 = 单位成本 ×（1+ 加倍系数）

加倍系数就是一种附加价值，是消费者心目中的文化价值，其取值由企业根据奢侈品的溢价能力与溢价空间，在市场中通过判定消费者心理价格的均衡点来确定。

奢侈品也可以根据定制产品所使用的材料成本、人工成本、营销成本、税收成本等的总和，乘上"加倍系数"来定价。

例如，爱马仕顶级品的定价和成本的关系较为紧密，而且其成本很高。爱马仕皮具制造部门的定制业务多采用市场上最好的皮料和工艺（皮料为牛皮、骆驼皮、鳄鱼皮、蛇皮、蜥蜴皮等；工艺为机器制作、普通手工、高级手工、设计师亲制等），按消费者的个性化需求定制，不惜成本做成最好的产品。这种方式导致它的定价可以高到十几万甚至百万元，但即便价格高昂也不缺消费者。

第二种奢侈品定价方法是不考虑成本的定价方法，奢侈品价格主要由产品档次定位、炫耀性价格、消费者市场接受度等因素综合决定，即

$$P=f(x, y, z)$$

其中，P 为奢侈品价格，x、y、z 分别为产品档次定位、炫耀性价格、消费者市场接受度。

例如，LV 属于大众奢侈品，当它采用非天然皮革制作皮包时，它的定价的基础可以与成本无关，或成本几乎忽略不计。

第三种奢侈品定价方法是第一种与第二种定价方法的结合，即

$$P=f(x, y, z)+C$$

其中，P 为奢侈品价格，x、y、z 分别为产品档次定位、炫耀性价格、消费者市场接受度，C 为产品单位成本。

3．打造奢侈品

奢侈品涵盖的领域广泛，除了私人飞机、豪华游艇、顶级轿车、

奢侈珠宝、世界名表、大牌时装、烈酒与葡萄酒、化妆品与香水、豪华不动产与酒店等外，还有消费电子产品、食品、生活用品、家居装潢、俱乐部等数十个细分行业。打造一款奢侈品，关键在于 8 个要素：宏观环境、文化背景、创新创意、工艺品质、传承守正、精准定位、高端策略和品牌管理。

一是宏观环境。奢侈品消费属于小众群体消费，离不开良好的发展环境。当经济繁荣时，消费者幸福感增强，愿意花更多的钱去尝试不同的奢侈品；但当经济衰退时，消费者的"银根"紧缩，需求减弱。另外，国家政策环境也可能影响奢侈品销售。

二是文化背景。不少奢侈品承载着国家、城市的形象。欧洲国家被视为奢侈品品牌的"故乡"，很多奢侈品来自巴黎、罗马、米兰、佛罗伦萨等城市。一件奢侈品可能展现着一个国家或城市的文化历史和产业优势，如瑞士的精细文化和手表产业，法国的浪漫文化和服装、酒产业，意大利的艺术文化和皮具产业，德国的精致文化和汽车产业等。另外，普拉达的标志中含有"米兰"，法拉利的标志中含有意大利的国旗，百达翡丽的标志中含有"日内瓦"，爱马仕则标着"巴黎"，在产品还没进入消费者的"口袋"前，文化就已先期而至。

三是创新创意。奢侈品具有稀缺性和独特性，只有创新，才能创造出在世界范围内稀缺且独特的产品。奢侈品最宝贵的财富是设计师和创意总监，他们把头脑中的宝贵创意设计在新产品中付诸实施。

四是工艺品质。奢侈品根植于它精湛的工艺和优秀的品质。如爱马仕有 150 多年做皮具的历史，它的产品多为手工打造的，不用机器生产，这样生产出来的产品具有特别的优势。

五是传承守正。不管哪个类别的奢侈品，都需要经过时间的洗礼，完整地继承工匠大师的工艺技术与设计风格。奢侈品牌需要由时间来打磨，随着时间的推移逐渐深入人心。

六是精准定位。一方面，奢侈品一般只专注于某个产品或某一类产品。另一方面，奢侈品主要瞄准精英阶层，满足他们的需求非常关键。卡地亚曾被英国国王爱德华七世誉为"皇帝的珠宝商，珠宝商的皇帝"，它最早是为欧洲的君主服务的，之后才为精英阶层服务。

七是高端策略。奢侈品价格昂贵，且具有国际性，这是它与其他非奢侈品的区别，许多消费者看中的正是其制作工艺和文化内涵，这种价格制定策略非常成功。

八是品牌管理。奢侈品品牌管理的人才大多集中在欧洲。从业人员需要具备设计与创意、品牌识别、品牌管理等多种能力。在奢侈品的管理中，稀缺性管理、创意管理、店面打造、品牌内涵的传播、持续品牌形象的建立和品牌文化的打造等都比较难。

历史上，中国丝绸曾是受西方上流社会成员青睐的奢侈品，各国元首和贵族莫不以穿着中国丝绸制成的衣服为荣。但到了近代，中国丝绸产业却严重落伍了。由于工艺技术落后，品牌意识淡漠，长期停留在粗放生产阶段的中国丝绸企业集体沦为西方品牌的原料商和代工厂。这些西方品牌以每米几元至十几元的价格从中国采购丝绸面料，经过印花、印染、防皱等一系列工序，产品以数千元的价格上市，依旧供不应求。一个严峻的事实是，全世界90%的丝和80%的丝绸来自中国，然而依靠茧丝资源、劳动力资源等优势，99%的中国丝绸都被用于完成国外品牌的OEM（定点生产）订单。一些国际品牌上千元的丝巾背后，是只能赚取低廉加工费的中国丝绸企业。但有一家中国民族丝绸品牌——万事利集团，则闯出了一条转型升级、迈向高端的道路。

案例

万事利高端发展之路

万事利集团有限公司创办于1975年，是一家以丝绸产品为主的企业集团。经过多年的发展，万事利以文化为依托，以品牌为核心，以科技为支撑，完成了从"产品制造"到"文化创造"的突破，开启了从"文化创造"到"品牌塑造"的飞跃，实现了丝绸从"面料"到"材料"再到"载体"的华丽转身，形成了"文化丝绸、健康丝绸、艺术丝绸、时尚丝绸"的产品格局。

1. 文化赋能

丝绸既是一种产品，也是一种文化，更是一种载体，它承载着厚重的东方古文明。万事利集团董事长屠红燕认为，充分挖掘丝绸的文化内涵，发挥其经济价值的作用，对提升丝绸品牌的整体形象和行业竞争力具有重要意义。在转型期间，万事利在对丝绸历史进行深入挖掘与研究的基础上，为传统丝绸产品注入了丰富的文化内涵，再通过拓展丝绸应用领域、加大设计研发力度、开展跨界合作等方式，使之与传统产品"形似而神不似"，从而成为中国独特的文化产品。

万事利跳出丝绸做丝绸，制作了大量融合中国文化元素的丝绸产品，如丝绸国画、丝绸四大名著、丝绸扇面、丝绸文具、丝绸床品、丝绸面膜等，并借助服装、面料、墙纸、窗帘、桌椅等载体，打造各种高端丝绸艺术品，重建了传统丝绸的产品结构，形成了丝绸服饰、丝绸装饰、丝绸礼品、丝绸艺术、丝绸美妆、丝绸大健康的产品矩阵。此外，万事利还不断从设计上下功夫，提升产品的时尚度和美观度，以文化创作提升丝绸产品本身的附加值。

万事利积极开展跨界合作，与故宫文创、央视动漫、人民日报文创、"剑网3"等大众耳熟能详的文化机构、网游、综艺等大 IP 进行跨界联动，借由新年、中秋、端午等中国传统文化节日进行产品的创意开发和联动营销。万事利与故宫文创联合推出了"新年中国礼"——"万福如意"系列套装以及"中秋万事礼"宫廷盒装等文创产品;联合央视动漫出品了"牛转乾坤"福袋等一系列动漫 IP 的文创产品;联合人民日报文创推出"丝月雅韵"系列中秋礼盒、"美好生活"高端蚕丝被、"湖光秋月"真丝床品四件套等;与"剑网 3"联合推出了"鹤影天青"主题礼盒套装,用 IP 价值为丝绸文创产品持续赋能。

除了与大 IP 的联动,万事利还用创新的产品组合和文化融合来吸引消费者。"东方韵"丝瓷茶套装、"杭州三绝"丝扇茶套装、"莫奈印象"丝伞套装、"杭州味道"亚运香氛丝巾礼盒等广受大众的喜爱。万事利已经先后与中国石油、中国邮政、中国黄金、阿里巴巴、浙江省旅游集团等结成战略联盟,联合开发具有地域特色、民族风情、文化品位的旅游商品、纪念品和文化体验项目。万事利品牌转型升级的联动效应有效地带动旅游、服务、设计等多个行业领域跨界融合。

为深入挖掘丝绸的历史文化,丰富产品的文化内涵和弘扬丝绸文化,万事利兴建了万事利丝绸文化博物馆、丝绸工业博物馆和"杭州织造"展览馆,免费对公众开放。其中,丝绸文化博物馆馆藏近千件近代、当代丝绸藏品,并联合全国 20 多位宋锦、苏绣、缂丝等的非物质文化遗产丝织技艺传承人，通过启动作品全国联展，开展学术研讨会等活动，传播传承"匠心"之美。同时，万事利丝绸文化股份有限公司董事长李建华两次登上央视《百家讲坛》，传播弘扬丝绸文化。

2. 盛会载誉

文化传播和营销需要鲜活生动的"故事"来做载体。在 2001 年的上海 APEC 会议上，万事利为各国元首和夫人设计制作了"唐装内衣"。2003 年，万事利取得北京 2008 年奥运会丝绸产品特许生产商和奥运会吉祥物丝绸礼品特许经营商资格，并为奥运会颁奖仪式提供了"青花瓷""粉红"系列丝绸颁奖礼服以及奖牌绶带。借助北京奥运会这个契机，万事利开辟了丝绸文化产品业务，由此撬动了从低附加值的产品制造到高附加值的文化创造的产业升级。在 2010 年上海世博会上，万事利成为特许经营商。

2016 年 9 月，在举世瞩目的 G20 杭州峰会上，万事利提供了包括丝绸国礼、丝绸艺术品、丝绸礼服、丝绸新材料等共计 8 000 多件丝绸个性化定制产品，向世界来宾彰显丝绸之府的国际魅力，大大提升了品牌美誉度。万事利还成为北京 2022 年冬奥会官方特许生产商和零售商，以及杭州 2022 年亚运会官方特许生产商、零售商和官方供应商，这与其产品的独特之处息息相关。

3. 技术驱动

近几年，随着数字技术的迅猛发展，万事利的高端路线战略进一步融合了国际化和数字化基因。2013年年底，万事利收购了在法国有120年历史的知名丝绸企业，其国际化战略迈出第一步。2014年，万事利成功引入原爱马仕高管，由其全面负责集团丝绸品牌国际化发展战略的研究与实施，从战略上改变了中国丝绸业固有的经营思路。2018年，基于自主研发的双面数码印花核心技术，万事利与大奢侈品集团LVMH达成重要合作伙伴关系，万事利向该集团独家输出的双面数码印花技术也成为其旗下产品开拓市场的核心竞争力。至此，万事利陆续与多家国际一线奢侈品品牌达成了长期的战略合作，极大地推动了浙江丝绸作为时尚产业的国际化进程。

在研发方面，握有全球领先的核心技术让万事利获得世界多家奢侈品品牌的垂青。双面数码印花技术切实解决了业界普遍存在的面料正反面透色不均匀的问题，有效克服了手绘等复杂图案无法精细呈现在面料上的技术难关，使产品花型得到更为个性化、多样化的高品质呈现。

万事利还与微软、阿里云等企业开展合作，积极面向数字产业化、产业数字化，将前沿信息技术应用于设计、制造、管理等核心环节。万事利自主研发的智能化个性化AI设计平台、大数据色彩管理系统、人工智能双面数码印花技术、新蚕种新蚕丝蛋白生物材料等已居于世界领先地位。

在产品设计方面，万事利与微软联合开发设计了"西湖一号"人工智能丝巾设计平台，学习236位画家的画作和200多位丝绸设计大师的纹样设计中的艺术精髓，并将其转换为人工智能的"灵感"与设计力。设计样式可以达到10^{26}种，能够满足消费者"无限"的个性化设计需求。

在生产制造方面，万事利自主研发了大数据色彩管理系统。大数据色彩管理系统用精准数字化替代人工经验调色，实现电脑RGB颜色标准与打印CMYK模式的无障碍转换，第一次将屏幕上显示的颜色与实际打印在织物上的颜色的相似度提升至95%以上，确保了印品的稳定性和高质量。

在销售服务方面，万事利创立"中国好丝绸"丝巾B2C营销平台，利用移动互联网的传播特性，颠覆传统、单向的营销模式，用层层叠加的分享积分返利、购买积分返利的创新制度，鼓励买家积极分享、推广平台上的产品或直接购买。

第四节　艺术品

此处所谈的艺术品主要是指一些具有使用功能的同时也具有艺术品特征的工业产品，这类产品既能满足消费者对艺术品审美情趣的想象，又能够满足消费者对一定使用价值的需要，达到了工业品生产的最高境界。艺术品从生产到消费的过程与一般产品有着巨大的差异，相应地，其价值也区别于一般产品，是艺术价值、历史价值、使用价值和文化价值的综合体现，具有很明显的溢价效应。将艺术需求与产品需求恰当结合，秉承精品哲学进行生产，是企业进行艺术品塑造的重要原则。

1. 艺术品价值

爱美之心，人皆有之。如果产品既能满足消费者的审美情趣，又具备日常使用功能，让人生活在文化的天地，徜徉在艺术的海洋，那么如此美丽的生活该有多惬意！艺术品天生就具备这样的属性！

把产品做成艺术品，是每一家企业梦想的目标，虽然难度很大，却是企业以美应市、以艺发达的"源头活水"。以手机为例，原来的手机大而笨重，如今不仅小巧，而且其中不少高档产品本身就是一件艺术品。

案例

手表手机 LeDIX Origine

Celsius X Ⅵ Ⅱ 是一家成立于 2005 年，生产通信产品的法国企业。为了赢得高端客户，该公司推出了一款全机械豪华手表手机 LeDIX Origine，该产品定位于艺术品，追求顶级奢华。LeDIX Origine 手表手机的外形采用流线型透明设计，机芯是带有专门减震器功能的非凡陀飞轮。这款产品兼具手表、手机功能，但其设计重心在手表，手机仅满足一般通信功能。Celsius X Ⅵ Ⅱ 遵循"物以稀为贵"的理念，LeDIX Origine 手表手机全球限量生产 18 部，所有零件都是自制的，材料采用了 5 级高强度钛金属。打造这件艺术品所需的人力、物力、时间成本高，技术工艺极其烦琐，每月仅能生产 3 部，每部售价高达 27.5 万美元，远超普通手表手机的价格。

这里所谈的艺术品，是具有使用功能的工业产品，而不仅仅是文化创作的艺术作品，如书法、绘画作品。奢侈品不等同于艺术品，艺术品是奢侈品的升华。艺术品强调手工打造或小批量生产，定制化的艺术品甚至可能独一无二；奢侈品是消费品，一般能规模化生产。艺术品受供求关系的影响较大，价格可由买卖双方协商；奢侈品的价格相对稳定，不会因为稀缺和受欢迎而随意扩大产量和提价。

艺术品是一种特殊的商品，顶级品牌的产品可能就是艺术品。艺术品含有一种浓缩的价值，它带来的精神享受难以用金钱衡量。如手表，它的原始功能是计时，但随着生活发生巨大改变，它逐渐演变成非必需品，开始朝高品质目标发展，这也是全球钟表工业发展的方向，于是，手表成为一种社会地位和生活品质的象征。

艺术品价值主要具备精神和物质两种属性。艺术品价值的精神属性主要通过艺术价值和历史价值来体现。艺术价值是艺术品固有的特质，它代表着制造者的工艺水平和艺术造诣，所反映的可能是文化品位、艺术风格和精神追求。历史价值是艺术品在历史上的地位，表现为其在一个时代的特有价值。艺术品在不同的时代往往有不同的解读、不一样的影响，因此，区别于艺术价值，历史价值不一定是艺术品本身所固有的，但一定是时代赋予的，而且会随着时代和鉴赏群体的不同而发生变化[①]。例如，明成化斗彩鸡缸杯在 2014 年香港苏富比春季拍卖会上，以约 2.22 亿港元的价格成交。

艺术品价值的物质属性主要通过使用价值和经济价值来体现。使用价值是一切商品都具有的共同属性，任何物品要想成为商品都必须具有使用价值。艺术品的使用价值指能满足人们某种需要的效用。与一般商品不同，艺术品的使用价值分为两部分：一是艺术品的实用性，如工艺美术品；二是其满足人类精神需求的能力，即隐藏在艺术品这一实物形式背后的艺术审美体验。但是，随着时间的流逝，艺术品的实用性一般都会退化，而其艺术审美体验则会使自身的艺术价值更为丰厚。经济价值主要指艺术品的市场价值，它通过市场价格来体现。艺术价值、历史价值和使用价值会对艺术品市场价值的认定产生很大影响。

---

① 胡静. 论艺术品价值价格形成机制与投资策略 [J]. 文化产业研究 , 2008(3): 57–65.

FREY WILLE——不只是奢侈品，更是艺术品

FREY WILLE 是一家精于艺术设计的珐琅饰品制造商，它所设计出品的艺术首饰，多取材于现代艺术作品、经典建筑、希腊神话故事，现已成为奥地利国宝级品牌。FREY WILLE 的品牌经营策略不是简单地走奢侈品路线，而是更侧重于艺术品的打造。该品牌的每一套首饰在制作之前，都要经历长达两年的开发过程，其间要绘制不计其数的草图，产品的颜色和细节也经过反复推敲。

FREY WILLE 拥有 200 多位国际化设计师，设计师的灵感则来自全世界的顶级艺术大师。在产品设计过程中，设计师们需要从其他艺术作品（如一幅画、一首乐曲）中获取灵感。为了让灵感落地，设计师们亲自前往罗马帝国遗址、莫扎特家乡、莫奈花园、埃及古代遗址等地进行实地考察，这些都可以是创作精美作品的动力和源泉。在产品制作过程中，FREY WILLE 培养出了一支强大的、高工艺技术水平的团队，其打造成品的过程漫长繁复，如 80 多道手工加工流程、20 多道独门上色工序、7 道镶嵌工序，体现出了真正的、精益求精的工匠精神。

人们常说好的作品会讲故事，FREY WILLE 不惜在设计、制造环节上投入大量的工时和费用，体现了"用艺术打造品牌"的理念。实质上，FREY WILLE 的产品已超越奢侈品范畴，上升为艺术品，一些产品已被陈列在巴黎卢浮宫等博物馆中。

2．艺术品溢价效应

艺术品消费的习惯与能力是判断社会经济能力的重要标准之一。艺术品消费大概可以分为 3 种情况：一是个人爱好或某件产品对其有特殊意义；二是作为投资，因为看中了艺术品保值增值的能力；三是收藏家、艺术品基金及大型企业认为某艺术品运作后具备升值潜力。艺术品购买不外乎 3 种目的——消费、收藏和投资，出于这 3 种目的的艺术品持有者的心态不尽相同。收藏者和消费者虽然同样出于兴趣和爱好购买艺术品，但收藏艺术品的人可能将其视为传家宝，消费时更重视单纯的精神愉悦，而投资者则有等艺术品涨价时卖掉的打算，看重的是艺术品的经济价值[①]。

艺术品从生产到消费的过程与一般产品有着巨大的差异。艺术消费与财富收入、教育程度、境界视野、艺术素养、生活态度等诸多因素都有着密切的关系，而它们的培育需要时间积累和岁月历练。不过，由于日益庞大的艺术品消费市场的驱动，越来越多的艺术品赢得消费

---

① 杨大伟. 艺术品消费关乎文化附加值 [N]. 美术报, 2017-6-3 (3).

者的追捧。

以汽车为例，劳斯莱斯轿车以外观气派和制作工艺精湛著称于世，每一款经典车型都成为汽车收藏家青睐的藏品。2007 年 12 月 3 日，世界上最古老的劳斯莱斯轿车在伦敦宝龙拍卖行以 352.15 万英镑（约 725 万美元）的价格拍出，这一成交价打破了两项纪录，使这部轿车成为世界上最昂贵的制造于 1905 年之前的老爷车，以及劳斯莱斯拍卖史上成交价最高的轿车。但比起法拉利 250 GTO 跑车，它只是"小巫见大巫"。

案例

法拉利 250 GTO 跑车

法拉利 250 GTO 是 20 世纪 60 年代最先进的跑车，在鼎盛时期，长期占据世界运动型汽车的冠军宝座。它是法拉利 250 的变型车，而 250 是法拉利历史上最重要的车型之一，是第一种大批量生产的法拉利。法拉利 250 GTO 的生产从 1952 年持续到 1964 年，只生产了 36 辆，每辆售价仅 6 000 美元左右，但该跑车外形华丽，性能卓越，是全球收藏家最渴望收藏的车型之一。2018 年，一辆 50 多年的法拉利 250 GTO，在拍卖中以约 4 840 万美元的价格成交，成为有史以来被拍出的最昂贵的汽车。这辆车之所以增值这么快，除了

因为它是限量版的跑车外，其实还有一个原因，那就是在 20
世纪 60 年代的赛车生涯中，该车曾获得过一个全国冠军和一
些重要赛事的冠军，且从未被破坏和修复过。

几十年的岁月沧桑，法拉利 250 GTO 型跑车的内外几乎没有任
何变化，但是价值发生了翻天覆地的变化，它从名牌产品变为奢侈
品，再转变为艺术品、收藏品。在这一过程中，法拉利 250 GTO 的
使用价值在不断降低，但它的历史价值、艺术价值在逐步增加，经济
价值更是直线上升，产品溢价能力越来越强，溢价空间越来越大，从
6 000 美元到 4 840 万美元，溢价值达到了惊人的约 8 000 倍。

不同于一般商品的价格，艺术品价格是艺术品价值在市场中的经
济体现，是用货币来衡量的艺术价值、历史价值、使用价值和经济价
值的综合。"艺术品市场价格的形成既与其多重价值性及市场供求有
关，同时也受到艺术品投机性、炫耀性消费以及社会文化教育水平等
多重内外因素的影响。"①

一是艺术品自身因素的影响。作为一件艺术品，其自身价值主要
体现为艺术品创作的唯一性、艺术品的独特性等综合因素。艺术品创
作的唯一性，意味着艺术品与普通商品不同，唯一性使其具有稀缺性。
艺术品的独特性，即指从生产创作的角度看，艺术品一般不是工业化、
标准化的大批量产品，它是个性化、小众化的产物，因而艺术品是独

---

① 胡静. 论艺术品价值价格形成机制与投资策略 [J]. 文化产业研究 , 2008(3): 57−65.

特的、多样性的,有其鲜明的个性色彩。

二是市场需求对艺术品价格的影响。与其他商品相似,一旦进入流通市场,艺术品的价格也必然受到市场供求条件的影响。但是,与普通商品的供求曲线不同的是,艺术品的供求曲线间存在差异,单件艺术品存在其对应的曲线。从这个角度而言,成交价格完全取决于市场对该件艺术品的需求状况。对某件艺术品的需求越大,其价格越高;需求越小,价格越低。但是,同一件艺术品在不同时期的需求差别很大。

3. 艺术品塑造

海尔创始人张瑞敏曾讲过这样一个故事。在德国访问时,他询问一位经销商的太太是否知道海尔。对方回答知道,并认为海尔冰箱不错。于是他又问她是否会在德国买海尔冰箱,对方回答不会,"我只会买米勒,因为米勒不是产品,而是艺术品"。张瑞敏为对方的话所震惊。很多具有前瞻性战略眼光的企业家都会思考:如何使产品成为"艺术品"?只有拥有了自己的思想、文化、设计以及创意的产品,才可能被称为艺术品。而当一个产品成为消费者心目中的艺术品时,什么样的消费者不能被征服?什么样的市场不可被占领?

在广泛采用工业化生产方式的今天,真正"手工制造"的产品是罕见的,但是,许多公司在探索当代艺术世界的过程中投入了大量资源，试图让其工业化生产的产品带有艺术品的光环：采用"讲故事"的技巧，将产品和品牌与历史名人，特别是艺术家联系在一起，使它们与众不同。例如法国的厉溥（Lip）手表，据说戴高乐曾将这款手表送给丘吉尔。再如，将艺术家的签名添加到原型产品上，对过时的产品进行修复，并将产品与历史叙事联系在一起，以提升它们的价值。有些产品是标准化的产品，如火柴盒、香烟盒、烟斗、酒瓶、铃铛、飞机、机床等，最初它们以相当低廉的价格出售，但随着收藏被重新定位，它们的价格突然上涨。

案例

故宫博物院馆藏钟表

故宫博物院馆藏钟表 1 500 余件，这些钟表不仅造型精美，而且融雕塑、工艺、音乐、机械、科技等于一体，体现了百年前钟表制造的精湛技艺。在馆藏钟表中，英国钟表的种类和数量最多，其造型与设计复杂新颖，工艺与色彩精致华丽，其采用的装饰题材主要分为建筑、人物、动物、大自然及田园风光等几大类。

是何原因造就了英国钟表产品的品质？为了打开中国市场，英国不遗余力地投入资金、人力与技术，通过巧妙的设计构思和精湛的工艺技术，制造出精美绝伦的艺术品。比如，钟表大多为铜镀金材质，镀金外壳上镶嵌以红、绿、蓝、黄、白等色料石制成的"花草"。发条等动力源带动走时打点装置，使钟表可以做出各种复杂的动作，并配以优美动听的背景音。机芯夹板厚实，内部机芯齿轮轴径与链条加工相当精细。

这些精巧的钟表赢得了清朝皇室的喜爱与认可。它们体现了当时英国在机械制造、金属加工等领域的高超技艺，以及在音乐、绘画方面的不凡造诣。

把产品做成艺术品，一是要转变观念，对市场进行细分，分析消费者对艺术与产品结合的需求，然后以市场为导向进行开发与生产。二是要具有创新意识，赋予产品艺术性，因此研发设计人员不能仅凭想象，而是要虚心求教于艺术家，问计于广大消费者。三是"橘生淮南则为橘，生于淮北则为枳"，艺术与产品的结合也要接地气，注意适应性和适宜性。四是要奉行"精品哲学"，生产制造时遵守重质不重量、细工慢活的原则。

第七章

形象塑造

产品的文化价值会受到生产企业、行业、区域和国家形象的影响，消费者在购买和使用产品的过程中，会逐渐培养起识别产品、识别企业、识别国家、识别文化的能力。实质上，支撑这些形象的是企业、行业、区域和国家所拥有的软硬实力，其中，软实力就包含了有关价值理念、工业精神、品牌质量、文化底蕴等的元素，如诚信、创新、绿色、责任等。当前，产品生产制造有两种形式：一种是由企业自行生产或总装，另一种是由其他企业代工。对于企业自行生产或者总装的产品，该企业的文化形象及其所属国的工业形象将影响产品的文化价值，比如企业展现出来的创新、时尚、诚信、绿色等形象都会在一定程度上提高产品的文化价值。对于代工产品，代工企业及其所属国工业形象对产品的文化价值起到重要作用。从实际情况看，消费者购买产品，往往会忽视代工企业，而关注产品产地，所以代工企业所属国家的工业形象对产品文化价值提升的影响一般大于代工企业形象的影响。

打造企业、行业、区域和国家的形象，不仅是企业参与市场竞争的一件利器，更是国家实力竞争中的一张"王牌"。通过形象设计与塑造，促进消费者对产品、对企业、对行业、对国家的认同，有助于提高消费者对产品的忠诚度，并相应提高本国的文化软实力和产品硬实力，使得国家和企业在全球化竞争中获得更多的竞争优势，更容易掌握产品的文化定价权。

第一节　国家工业形象

国家工业形象是内外部公众对国家工业本身、国家工业行为、国家工业各项活动和成果所作的总体评价和认定，是一国工业资源、工业科技、工业产品、工业体制、工业文化等实力的综合反映。这种工业形象具有极大的影响力、凝聚力，自然也会传递给本国所生产的产品，塑造并影响产品的文化价值。国家工业形象的形成是一个极其复杂的过程，其中关键的一点是要以文化方式，从国家工业形象标识、政府形象、工业企业形象、工业产品与品牌形象、工业科技形象和国民工业文明素质等多个维度塑造国家工业形象。

1. 基本内涵

在全球经济的竞争合作环境下，经济产业成为各国间竞争的重要领域。国家工业形象在国家工业生产、对外贸易等活动中起着越来越重要的作用，不仅成为国家工业的一个外显形式，而且成为涉及国际市场竞争、外交往来、民族认同及国家整体发展的实际问题。良好的国家工业形象意味着更高的可信度、更强的接纳性和更广阔的国际合作与发展空间。

国家工业形象是一国的外部公众和内部公众对国家工业本身、国家工业行为、国家工业的各项活动及其成果所给予的总的评价和认定，具有主观性、客观性、历史性、稳定性、可塑性等特点。它综合反映了一国的工业资源、工业科技、工业产品、工业体制、工业文化等实力，由一国的工业体系，由一国的企业（特别是出口企业），由一件件出口商品的技术、质量、品牌、信誉和服务等共同组成。

国家工业形象是一个综合体，具有极大的影响力、凝聚力，是一个国家工业整体实力的体现。对它的理解应包括以下 3 个层面。

第一，宏观层面，即消费者对特定国家的工业产品技术、品牌质量、创新能力、工业文化、行业管理、工业化和信息化水平、工业文明程度等的总体印象。比如，美国、德国、日本在大家眼中的形象是世界工业强国，无论是在科技实力、创新能力、产品质量还是品牌竞争力等方面，都居世界领先地位。

第二，中观层面，即消费者对特定国家工业某个领域或行业的产品技术、品牌质量、创新能力、行业文化等方面的整体认知和感觉。比如，德国的汽车工业、中国的高铁和消费品工业、韩国的电子工业等都给人以整体质量优良的印象。

第三，微观层面，即消费者对来自特定国家的某一产品的品牌、质量或某一企业的企业文化等方面的总体感觉。比如，消费者大多认可瑞士的手表和军刀、法国的香水等。

国家工业形象的重要性在于，"负面"的国家工业形象危害产业安全，良好的国家工业形象则意味着更高的信誉度，从而能吸引国内外公众。这种吸引力可以转化为经济发展的能力、吸纳资金的能力、吸引旅游的能力、开拓国际市场的能力等。形成良好的国家工业形象，一般的产品也能沾光卖个好价钱；一旦形成不良的国家工业形象，好产品也可能受到拖累。

国家工业形象不能简单地等同于国家工业综合实力，如同具有主观属性的形象，不可与客观物质等同起来一样。国家工业形象从某种程度来讲，并不是国家工业综合实力的真实客观反映，而是融会了受众的主观情感、价值观念、认知习惯等因素，存在或多或少的歪曲和误读。因此，情感和观念也是影响国家工业形象的重要因素。

国家工业形象由工业产品形象、工业企业形象、工业行业形象、工业科技形象等部分综合构成，它是一个复杂的、开放的系统。由于产品具有国家属性，一旦产品研发成功，就会拥有"国籍"，相应地，人们对其所属国的总体印象会传递到产品上，这也会影响产品的文化价值。比如，对于德国产品，人们的第一印象就是质量有保证；对于法国产品，人们的第一印象就是时尚等。日本前首相中曾根康弘讲过，"在国际交往中，索尼是我的左脸，丰田是我的右脸"。日本也曾是从事低端制造业的"世界工厂"，但 20 世纪 70 年代后，日本的低端制造业开始向外转移，索尼、丰田等一批高端品牌开始崛起，工业形象逐步升级。

国家工业形象的形成是一个极其复杂的过程，这一过程具有如下特点。

一是国家工业综合实力具有客观性。国内公众和国际社会对一国工业形象的认知是建立在该国客观状况的基础之上的。构成国家工业形象的基础要素，包括物质要素、制度要素和精神要素。物质要素主要指支撑国家工业生存和发展的工业经济总量和增长速度、工业科技水平、工业装备数量及机械化、自动化、信息化水平等因素；制度要素主要指工业体制、制度模式等；精神要素主要指国民意识形态、工业素养、工业精神和工业文明程度，是一个国家民族心理和民族精神的体现。

二是国内外公众对工业形象的评价带有主观性。国家工业形象并不能十分精确地反映国家工业客观状况，而会出现一定的偏差，因为在评价过程中，国家工业形象渗透了认知主体自身的价值观念、生活阅历、情感态度、利益需求等主观因素。不同的国家和地区，由于处于不同的发展阶段，社会制度、发展模式和文化传统均有所差异，由此形成了各自特有的思维习惯和评价标准。另外，在一个国家工业信息的传播过程中，传播者的情感倾向和观念态度等主观因素不经意间也会影响信息的选择、组织和传播，多次加工的信息经由不同渠道被公众接收，或多或少会偏离真实状况，从而导致同一个国家的工业在不同公众心目中有可能形成不同的形象。

三是国家工业形象影响一个国家的产品销量和价格。消费者一旦形成对一个国家产品的总体印象，就会带着这个印象看待这个国家生产的所有产品，并依据这个印象做出取舍。换言之，即使消费者对这个国家的不良印象是从摩托车、羽绒服等个别产品得来的，他们也会推而广之地把这个印象放大到其他产品上去。反之亦然。例如，为什么发展中国家的产品难以与发达国家的产品平等竞争呢？就是因为消费者已经形成了"发展中国家的产品质次价廉"的不良印象，这个印象决定了发展中国家的产品必须比发达国家的产品卖得便宜才行。发展中国家的产品真的不行吗？未必，但市场就是这样无情。同样的产品，贴上发达国家的标签和贴上发展中国家的标签后卖价就是不一样，原因即在于其背后的国家工业形象差异。比如，中国商务部数据显示，2015 年，中国境外消费 1.5 万亿元人民币，过半用于购物。消费者的"海淘"地主要集中在日本、德国、美国、法国等几个工业强国，大受欢迎的海淘产品包括母婴用品、化妆品、服饰、电子产品、图书、电器、奢侈品、智能马桶盖、药品等。

2．实施策略

世界上的各个工业强国，无一不在国家层面有着得到各国消费者普遍认可的良好工业文化及其代表产品，比如德国制造经久耐用、日本制造精益求精、美国制造推陈出新等。塑造国家工业形象可以从国家工业形象标识、政府形象、工业企业形象、工业产品与品牌形象、工业科技形象和国民工业文明素质等多个维度策划。

人类活动创造、形成、沉淀和升华了文化，而文化通过价值理念、准则规范等影响并指引人类的行为活动。文化在国家工业形象的塑造中，起到了一种"上善若水"的包容、浸染、渗透的软性功能。这种影响，更像"润物细无声"的春雨，具有持久和潜移默化的作用。从工业文化入手，以文化方式塑造国家工业形象的策略如下。

一是文化直接作用于工业活动参与者。改变人类的行为活动需要文化的潜移默化，通过文化理念的弘扬、文化精神的培育、文化价值观的输入改变工业活动参与者的思想理念和行为方式，使之行为表现符合预期。比如，塑造创新的工业形象，首先要用创新的文化理念和价值观引导工业活动参与者不断创新。

二是改变工业客观存在。工业客观存在是公众评价和认定国家工业形象的客观基础和前提条件，若要使公众对国家塑造的工业形象产生预期的评价和认定，首先要有可以使公众产生预期评价和认定的工业客观存在基础和条件。因此，塑造国家工业形象要通过某种方式和手段，使工业活动参与者、工业活动成果、工业活动方式和工具、维护工业活动的制度等均符合可以使公众产生预期评价和认定的条件。

三是转变国内外公众认知。国家工业形象塑造的直接效果体现在国内外公众的认知上，而关于工业客观存在和国家形象的知识是公众进行评价和认定的决定性因素。因此，若要使国内外公众对塑造的国家工业形象产生预期的认定，需要对其关于工业客观存在和国家形象的知识施加影响，使其产生新的认知。可以通过文化的传播，特别是价值观、理念、信息等方面的成功输入，令公众形成有利于正面评价和认定所塑造工业形象的新认知。比如，向公众传播工业产品及生产设备、技术、工艺等都是自主研发的或者具有自主知识产权等，让其中涉及的文化紧紧抓住公众的兴趣，使之更新认知，改变看法。

四是进行系统的、有针对性的策划与传播。通过传统媒体和新媒体传播、广告传播、事件营销、口碑营销、公共外交、公共关系等主要策略来进行立体传播。作为传播的媒介，那些在世界范围内具有很高知名度和较强影响力的国际主流媒体，很多时候几乎充当了国家工业形象判定者的角色。因此，通过"借船出海"的方式，不仅客观上能大大减少传播过程的总体投入，而且主观上能更加贴近外国公众的认知习惯。更为重要的是，以公众比较熟悉的表现形式、易于接受的通行语言运作的国际主流媒体会给观者留下强烈的第一印象，从而能够极大地抵消外国公众心理上对他国自我表述的本能反感或犹疑。例如，日本媒体对内和对外的宣传，多以强调和渲染本国产品的高品质为基调，经常会凸显"还是本土产品用着放心""日本制造品质好"之类的话语。2007年起，为向日本公众和世界推广日本的产品，日本内阁府委托日本广播电视台制作了系列节目，包括《面向世界的传播——何为日本品牌魅力》《由地方走向世界——值得骄傲的日本品牌》《将传统推向世界——日本品牌养成支援事业》《闪耀世界——日本品牌》等作品，向日本国民和世界展示了丰富多彩而又富有活力的日本品牌形象，使得日本产品质量可靠的名声再次得以广泛传播。

德国国家工业形象的塑造

作为传统的制造业强国，德国工业和德国制造在世界范围内享有盛誉。即使在多数发达国家实施去工业化、制造业占比不断下降的当下，德国依然坚持在工业发展领域不断探索和突破，其工业发展不仅没有随着经济发展阶段的变化而削弱，反而迸发出更加夺目的光彩。有了稳健的工业作为支撑，德国经济在自 2008 年金融危机以来的世界经济动荡中一直保持着相对稳定的增长，与欧盟多数成员国形成了鲜明对比。回顾德国工业百年发展历程，可以发现德国工业发展的成绩不是一蹴而就的，与工业发展相伴而生的是德国整体工业形象的不断优化。如今德国已经具备的工业形象是经过一段漫长的时间，付出艰辛的努力后逐渐形成的，并在不断的调整和变革中得以强化。

19 世纪中叶，德国的工业形象如同其他处在工业化初期的国家一样，难以摆脱"质量低下、粗制滥造"的固有形象。为扭转不利局面，改善国家工业形象，德国政府和民间采取了系列措施，并坚持至今，使德国始终以制造业强国的形象示人。

一是强化质量标准，提升产品品质形象。1856年，德国工业行业自发成立了工程师协会，随着第二次工业革命的开始和电气时代的来临，1893年又成立了电气、电子和信息工程协会。这些协会的一个重要工作就是制定行业标准，提高行业工艺水平，维护行业产品的声誉和形象。1917年5月18日，德国工程师协会设立"通用机械制造标准委员会"，同年7月，该委员会建议将各工业协会制定的标准合并，通称为德国工业标准（DIN），同年12月该委员会改名为"德国工业标准委员会"，1919年3月开始为合格的产品颁发"DIN检验和检查标志"证书，开创了第三方产品认证制度。此后德国各个行业组织和协会每年制定约1 500个标准，至今已经颁布超过2.5万个标准。众多的标准确保并提升了"德国制造"的品质，也树立起德国工业标准化的惯例，给德国国家工业形象带来了深远影响。

二是加大研发投入，用先进技术引领产业发展。如果说英国是第一次工业革命的领头羊，那么德国在第二次工业革命中就从以往的追随者变成了引领者，特别是在有机化学、化工、交通等领域，德国大力加强研发，取得了众多专利，也奠定了其在这些领域的领先地位。如哈伯（Haber）和博世（Bosch）开发的合成氨工艺于1913年实现工业化，使德国在化工领域长期居于世界前列，形成了包括巴斯夫（Basf）、拜尔（Bayer）在内的一系列化工行业巨头，其产品在世界范围内具有很强的竞争力。类似的还有汽车行业，1876 年德国就发明了四冲程内燃机，1883 年发明了汽油发动机，1886 年发明了汽车，1897 年发明了柴油发动机，这些既使得德国在汽车行业占据领先地位一百多年，也为德国国家工业形象的提升提供了坚实的竞争力基础。

三是国家战略引领，对产业发展进行干预和支持。作为市场经济国家，自由放任的自由主义学派并不是德国经济的圭臬，自路德维希·威廉·艾哈德（Ludwing Wilhelm Erhard）时代以来，社会市场经济促进了德国的高度繁荣，政府仍然利用其工业政策屡次干预经济部门：从 1969 年借助个别企业［包括萨尔茨吉特公司（Salzgitter）、霍尔兹曼公司（Holzmann）、欧宝公司（Opel）和万乐公司（Quelle）］的"救援计划"成立空中客车公司（Airbus）到光伏企业的解决方案以及《德国工业战略 2030》的实施，均是如此。国家总体性的干预和顶层设计，使得德国工业始终保持着旺盛的生命力和竞争力，从而巩固了德国的工业强国角色，不断强化了德国国家工业形象。

第二节　区域形象

区域形象是区域历史、人文、社会、经济等各方面特征的集中体现，具有鲜明的个性风格和独特的内涵，是地区众多资源中极为重要的无形资源，它能够影响和改变一个地区的发展模式与竞争优势。可以打造和利用特色区域文化，给区域内产品赋予文化内涵，促使产品由"同质化"转向"特色化"，从而协助区域内产品获得文化溢价。要有效地构建区域形象，需要从找准区域形象定位，挖掘和推广地域特色文化，打造地区品牌和文化品牌，规范地区产品标准，搭建区域性工业设计中心和文化创意平台等方面实施相关举措。

1．基本内涵

在当今全球经济一体化快速发展的时代大背景下，注意力经济让区域形象越来越成为人们关注的重点。如果说传统的经济发展是靠"要素推动"，当前的经济发展是靠"知识推动"的话，未来的经济发展则必然是靠"形象推动"。一个地区必须要形成自己的区域特色，通过展现自己的区域特色来增强区域产业的竞争力。

区域形象是人们对一个区域的综合认识与评价，是以区域社会的政治、经济、文化、法律、科技、教育、生态、环境为发展背景，通过对该区域立体的透视，呈现出该区域在地形地貌等自然条件，以及社会秩序、社会风尚、公民素质、价值取向、行为方式、时代感、地域文化等方面给内外部公众留下的总体印象，是该区域有形与无形的形象在内外部公众脑海中的综合反映。

区域形象主要有以下几方面特征。

第一，客观性。区域形象是一种客观存在，其内容广泛涉及区域的各个方面，如自然地理、社会状况、经济结构、基础设施、人文环境、政策法规等，一个区域的综合实力及发展潜力对区域形象有着极其重要的影响。

第二，主观性。形象是一种社会评价，由于区域的复杂性、人们拥有的信息的不充分性以及价值观念差异，人们心目中的区域形象不一定能够完全准确地反映区域的客观实际，导致区域形象具有强烈的主观色彩。

第三，差异性。区际发展差异是客观现实，"马太效应""集聚效应""循环累积因果理论""路径依赖"等许多理论都试图解释这一问题。好的区域形象，公众认可度高，可以吸引更多的人、财、物，能使区域发展更快；反之，差的区域形象，公众认可度低，吸引力弱，会使区域发展更困难。

第四，稳定性。区域形象一旦形成，便会在一定时期内保持相对稳定，并产生不同程度的路径依赖和循环累积效应，因而具有一定的稳定性。然而，其稳定性是相对的，区域经济发展可以改变区域形象。

区域形象是地区众多资源中极为重要的无形资源，它能够逐渐影响和改变一个地区的发展模式与竞争优势。

一是良好的区域形象为区域经济发展提供了有利的外在环境，经济的发展反过来又会促进区域经济形象的提升。区域形象一旦形成，将具有持久性和普遍性，消费者看到某个区域的产品，自然就会联想到该地区的区域形象，并会根据这个形象的"好"与"坏"，对这个产品作出相应的判断与消费决定。消费者一般还会根据过往的消费体验来进行当下的消费决策，如果之前购买某区域产品时获得了不良的消费体验，这些负面印象很可能影响他对该地区其他企业和产品的看法，反之，如果之前有良好的消费体验，那么该区域的产品很有可能会再次被消费者选中 [①]。

二是良好的区域形象是地方产品最富魅力的宣传，是最能打动消费者的无形广告。企业产品能否走向全国、走向世界，在国内外市场上有多大的占有率，不但取决于产品的质量、品牌、价格、包装、服务，还取决于产地的区域形象。区域形象可以成为地方产品的信誉保障。例如，中国是一个幅员辽阔且地域文化差异较大的国家，不同地区、不同民族有着各具特色的历史文化传统和区域文化特色，这些文化有很强的地域性和较强的稳定性。在获取产品文化定价权的过程中，地方政府、龙头企业和区域性产业社团组织可以发挥积极的作用，利用和打造特色区域文化，给区域内的产品赋予文化内涵，促使产品由"同质化"转向"特色化"，协助区域内产品获得文化溢价。

---

① 张建昌. 区域经济形象与企业品牌关系论 [J]. 理论导刊, 2005(9): 19-20.

2．实施策略

区域形象是一个区域重要的无形资产，也是可以转化为物质财富的精神财富。无论是区域经济发展还是区域之间的合作交流等，都需要以良好的区域形象为依托。与此同时，对独具特色的区域形象的塑造，不仅可以增强区域的凝聚力，还可以提高区域的知名度。具体策略如下。

一是找准区域形象定位。区域形象定位应着眼于区域未来长远稳定的发展。因自然、经济、社会等许多因素的差异，区域中各地方也会形成不同的特色，所以在进行区域形象设计时要充分考虑地方之间的差异，让设计更加多元化。在当前激烈的竞争中，应根据优势与特色，凝练出区域形象定位。如果凝练得不准确，那么传递给外界的区域形象必然是不合理的，因而可能导致决策失误，造成重大损失。

二是挖掘和推广区域特色文化，打造地区品牌和文化品牌。地方政府或者行业协会组织，可根据本区域的历史文化背景、特色和传统，共同挖掘、提炼本地区突出的文化特色（既包括器物层面的，也包括精神层面的），对区域内特色产品品牌形象的打造进行总体规划，在区域文化主线的基础上，使不同领域、行业的产品形成一个群体，并加以推广和宣传，促进这种本土的、传统的和民族的文化构成系统，与当代产品设计、生产体系相融合，使区域文化对地方特色产品产业产生强大的推动力。比如，云南普洱市立足绿色生态，坚持文化引领，成功地打造了"天赐普洱世界茶源"的城市品牌，大大提升了地方特产普洱茶的文化影响力。

案例

喻文化于茶中——云南普洱茶的成功之道

2018 年 4 月 10 日，"2018 年中国茶叶区域公用品牌价值评估"结果出炉。"普洱茶"品牌价值为 64.10 亿元人民币，再次居全国"十强"之首，同时该品牌被评为"最具品牌资源力"的品牌。普洱茶作为中国茶叶领域的领头羊，无疑是具有优势定价权的。云南普洱茶的成功得益于以下措施的实施。

一是地域人文挖掘。茶产品与生俱来就有文化优势，茶文化是所有茶产品所共有的一种文化。普洱茶主产地位于举世闻名的"茶马古道"及茶树发源地云贵高原，其本身就具有深厚的文化底蕴。普洱茶产品种类较为传统，保持着茶饼、茶砖等形式。此外，普洱茶严格按照传统的采茶方式和制茶工艺进行生产，这也是悠久而厚重的文化的体现。最后，普洱茶的产品包装方式是按照历史传统进行设计的，体现了中国的传统文化。因此，普洱茶产品本身带有极强的文化气息，这也为其贴上了独特的文化标签。

二是特色文化营销。普洱茶具有明确的细分目标市场，主要有礼品市场、拍卖市场、收藏市场和终端市场等。虽然每种细分市场的销售渠道和方式不同，但普洱茶的销售主要还是通过茶馆和茶叶零售店进行的。其中，"七彩云南""茶马古道"等主题茶馆的经营颇具文化特色。主题茶馆的营销方式与普洱茶的零售方式相互呼应，互为补充。此外，还有"舞林茶艺馆"等将其他文化与普洱茶文化相结合的主题茶馆，不同类型文化之间的交融，使其别具一格、新颖独特，从而取得了更好的经营效果。

三是品牌传播战略。普洱茶的区域品牌传播战略采用了立体促销模式，将区域品牌与茶文化相结合，用文化为产品销售造势，同时结合产品促销方案展开营销。它的特色是文化先行，在营销攻势开始前，通过书籍、网络等载体宣传茶文化以及普洱茶特殊的"茶马古道"文化，在大众对普洱茶有了一定的了解后，再结合促销手段扩大销量。此外，书籍和网络中的内容也会为普洱茶的各种功效提供理论支撑，为其打造新卖点奠定基础。

四是强化文化溢价。普洱茶的价格主要由3方面价值组成，一是产品本身的价值，二是产品的收藏价值，三是产品的文化价值。其中，最根本的部分是普洱茶产品本身的价值。另外，普洱茶具有悠久的历史，并且年代越久价值越高，在一定时期内，收藏普洱茶成为一种潮流，就如同人们对古董的收藏，自然而然，其价格就被抬得很高。此外，如同前面提到的，普洱茶融入了很多文化元素，价格必然会有所提升，再加上茶道、茶经、茶艺等销售环节的附属价值，形成了最终价格。这种综合各种因素形成的最终价格，虽然比茶本身的原始价格高很多，但可以满足不同层次客户的需求，可以为不同客户所接受。

通过上述措施，普洱茶在国内市场取得了空前的成功，具有很强的定价权。随着"一带一路"建设的推进，普洱茶会越来越被世界所认可，并能够在国际市场上赢得自己的一席之地。

三是加强地区企业引导和行业自律，规范地区产品标准。一些地区存在特色鲜明、具有一定市场潜力的地方性文化，但由于缺乏管理和引导，行业发展混乱，不仅没有用好区域文化特色，反而对地区文化和品牌形成了负面的影响，削弱了产品的文化定价权。可以借鉴法国波尔多地区葡萄酒行业的做法，通过制定行业标准和规范，确保产品品质和质量，保护和发扬好区域特色文化，推动区域特色文化的繁荣和发展，使区域文化成为企业产品文化的重要源泉和宝库。

四是搭建区域性工业设计中心和文化创意平台，提供市场化的文创设计服务。将文化因素引入产品是一个较为复杂的过程，对人员、技术、设计等方面的要求较高，并且需要投入较多资金，大型企业可以依托自身的研发中心开展相应工作，但广大中小型企业很多时候难以负担进行工业设计和文化创意所需的费用，也没有专门的人才进行相关工作。此时可以依托文化产业园区和集聚区，培养扶持专门的设计企业，专门为其他生产型中小型企业提供基于客户需求或自主设计的融入文化因素的方案，供客户选择。

案例

由"袜业"到"袜艺"——浙江诸暨大唐镇的转型发展

浙江诸暨大唐镇是一个被称为"世界袜都"的地方。改革开放后，大唐镇就开始从事袜业相关生产活动，经过多年的快速发展，2015 年大唐镇生产袜子 250 亿双，占中国袜子产量的 70%、全球产量的 1/3。但随着市场环境的变化，大唐袜业近些年出现了产能过剩、附加值低、品牌缺失、量大利薄等问题，特别是 2008 年金融危机之后，这类现象愈演愈烈，家庭作坊式的来单生产模式、核心技术的缺乏、"低小散"的产业格局终究使得大唐袜业遭遇了发展瓶颈。由于原料品质较差、成品技术含量不高、品牌缺失，生产厂商在市场上很难获得议价权，更谈不上掌握产品的定价权。相应地，利润则非常单薄，一双普通袜子利润仅 0.2 ～ 0.3 元，一度出现了"10 亿双袜子换 1 架波音飞机"的说法。这种模式在国内各项要素成本不断上升、国际市场需求和竞争格局发生变化的情况下逐渐难以为继。

从 2014 年开始，大唐镇进行了一系列的转型升级，一场以"研发升级、金融创新、市场整治、电商换市、机器换人"为手段，以技术、品牌、设计、质量、服务为核心的供给侧改革全面铺开，大唐袜业的产业形态也在悄然发生改变。其中"将文化因素纳入大唐转型升级，打造'袜艺小镇'"成为大唐袜业转型升级的重要环节。2015 年，大唐的"袜艺小镇"成为全球唯一的以"袜艺"为主题的特色小镇。

该小镇重点建设"智造硅谷""时尚市集""众创空间"三大区域。"智造硅谷"是袜艺小镇的智能制造功能区，旨在提升大唐袜业生产的智能化水平。"时尚市集"是袜艺小镇的文化艺术旅游区，为各类才华横溢的新兴艺术家和设计师提供开放、多元的创作环境和交易平台，实现袜业艺术文化与商业的碰撞融合，为创意作品商品化提供实验舞台，培育系列时尚品牌。"时尚市集"板块中的"袜业智库"是袜艺小镇的心脏和发动机，包括袜业创意设计中心、淘宝大学、袜艺文化体验馆、纺织袜业研究院、美丽街、聚唐创咖等项目，为产业转型升级提供科技、人才、金融、信息、文化等方面的支撑。其中袜业创意设计中心围绕袜业转型升级和袜艺小镇建设目标，组织国内外纺织类、艺术设计类高校院所人才，以袜子视觉设计、形态设计、功能设计为重点联合攻关，辅助袜业企业解决在研发、设计、生产等各个环节中遇到的技术问题，并将优秀成果转移到企业进行产业化。"众创空间"是袜艺小镇的电商群落生态区，通过植入互联网思维，实现创新与创业相结合、线上与线下相结合、孵化与投资相结合，集成工作、网络、社交和资源共享空间。

随着各个项目的稳步推进，各种创新要素和文化元素，正源源不断地集聚在这三大功能区域，袜艺小镇的平台效应、集聚效应呈几何状放大。袜艺小镇围绕"重构袜业、重塑大唐"的主题，将袜业制造与文化、艺术、设计相结合，将原有单一的制造业基地向全球最先进的袜业制造中心、全球最顶尖的袜业文化中心、全球唯一的袜业主题景观空间和全球唯一的袜业旅游目的地进行转变。

在此背景下，区别于以往传统袜业制造企业的新型企业在大唐镇不断出现。比如，2015 年成立的创美文化传播有限公司，专注于将运动、科技、文化等元素加入运动袜的设计中，其中一款滑雪袜在靠近人的脚踝处设计有一个小方袋，专门用于放置加热电池，有了它，就可以防止滑雪者的脚在零下几十摄氏度的环境下被冻伤。这样一双运动袜的利润，相当于 500 双普通袜子的利润。而该公司设计的其他款式的袜子，平均能卖到 50 元一双。顾客可以在网上自主选择配色和图案，由公司提供定制服务。同时公司还为当地其他制袜企业提供设计、品牌传播等"智造"升级的服务，一个创意即可拉升利润成百倍。

通过转型，大唐镇生产的袜子正从低附加值的日用品变身为功能性的时尚单品，也就是正在实现将"袜子"变成"袜业"，再升级至"袜艺"。在这个过程中，不变的是袜子，但深化的却是其中的文化。文化元素与产品的融合，不仅仅提高了产品的附加值，一旦一种积极健康的文化在一个行业、一个地区形成，那么它对于整个产业发展的助推和带动作用将不容忽视，它会为行业发展提供充足的养分和不竭的动力。通过打造创新、时尚的地方特色产业文化，一双双小小的袜子，不仅成为大唐镇经济的命脉，更成为其文化的传承。

五是积极扶持有前途的企业走出去。企业是区域经济增长的基础，企业群体的形象是区域形象的支柱，是塑造区域形象的关键。应抓好区域关键产品和特色形象建设，培育和发展一批基础条件好、市场潜力大的企业和品牌，以此有效带动区域整体形象的提升。由于企业形象直接关系到区域形象，因此，地方政府应该制定积极的产业政策，对于那些在市场上表现优秀的本地企业，应该给予特别的支持甚至奖励。

第三节　企业形象

　　除了技术水平、产品价格、品牌资源和服务质量，公众对企业的综合印象，即企业形象，也是企业竞争的重要领域。企业形象是企业文化的外部表现，具有客观性与主观性、个体性与整体性、稳定性与动态性相结合等特点，优秀的企业文化能帮助企业塑造良好的企业形象，而良好的企业形象有助于产品的销售和消费者忠诚度的提升。打造整体的企业文化观、增强研发和创新能力、提高品牌质量和服务水平、丰富产品的文化内涵和做好企业形象传播有助于有效地塑造企业的良好形象。

1．基本内涵

　　企业形象是社会公众对企业的综合印象，是企业的无形资产，也是其获取持续竞争优势的稀缺资源。在全球大部分同类产品具有同质化特征和市场竞争日益激烈的情况下，企业之间的竞争不仅包含技术水平、产品价格、品牌资源和服务质量等方面的竞争，而且包含企业形象和企业文化的竞争。企业形象作为重要的竞争优势之一，对企业占领市场以及可持续发展起着至关重要的作用。

　　企业形象的感知和认知主体包含企业内外部的利益相关者，企业形象的要素包括可见要素和不可见要素。总体来看，企业形象具有客观性与主观性、个体性与整体性、稳定性与动态性等 6 个方面的特点[①]。

---

① 杨爱萍. 企业形象概念文献综述 [J]. 现代商业 , 2019(36):23-25.

客观性与主观性。企业客观存在的各种特征是企业形象得以形成的重要物质基础，如产品技术、生产规模、服务质量、市场占比和盈利能力等。可以认为，企业形象主要是客观事物的反映，是一种客观存在的事物。但企业形象的评价却来源于消费者的判断，不同消费者的"评判标准、认知能力、思维模式、价值取向等都存在一定的差异"，因此社会公众对企业形象的评价就具有很强的主观性，不同阶层、不同偏好、不同消费习惯的客户对同一家企业形象的评价可能存在较大的差异。

个体性与整体性。霍华德和柯特尔（Howard & Kolter，1991）认为"企业形象是企业内外群体对企业的感觉、印象和认知，顾客、供应商、媒体、政府、员工等不同群体与企业接触的感知不同，因此对企业形象的认知也不同"，可见企业形象是整体性与个体性的有机统一。企业形象包含"有形"元素，如企业的愿景、市场地位、发展规模、增长速度、品牌影响力；也包含"无形"元素，如公司文化、领导者能力、员工素质等。各元素的特征和内涵各不相同，但它们之间具有很强的相关性，共同作用形成了企业的总体形象，因此消费者对企业总体形象的评价会受到多种元素的影响，企业需要关注这些元素。

稳定性与动态性。企业形象在一定时间内相对稳定。但是，企业形象并不是一成不变的，随着市场的发展变化，企业形象元素也处于动态的调整或变化中。企业在发展过程中，应该通过对各种有形和无形元素的调整，打造更佳的企业形象，从而提高企业的相对竞争力。

与之相对应，形象元素及其形成过程中的任何部分出现问题也会有损企业形象，可能会给企业带来巨大的损失。

企业对内发挥作用的是企业文化，对外发挥作用的是企业形象。企业形象有以下几点重要意义。

（1）良好的企业形象有助于赢得顾客的信赖和支持。

企业形象与企业信誉息息相关，好的形象代表好的信誉，好的信誉能进一步强化好的形象。企业信誉的好坏是影响消费者购买行为的重要因素，也是消费者判断产品是否值得信任的重要标准，所以，好形象带来的好信誉能够赢得消费者的信赖，能够增强消费者的购买信心。

案例

鸿星尔克一夜成名

鸿星尔克实业有限公司创立于 2000 年 6 月，总部位于福建省厦门市，是一家有近 3 万员工的大型运动服饰企业。近年来，鸿星尔克可谓是惨淡经营，入不敷出，2020 年营收仅有 28 亿元，亏损了 2.2 亿元，2021 年一季度亏损 6 000 多万元，由于财务问题，其股票停止交易。但到了 2021 年 7 月，鸿星尔克突然爆红，一夜成名。

事件起因是进入 7 月中旬，河南省郑州市、许昌市、新乡市等地遭受了千年一遇的大暴雨，局部地区 24 小时降雨量超过 450 毫米，造成严重灾难，并出现人员伤亡。值此之际，一方有难，八方支援，全国各地纷纷响应捐款号召，助力河南抢险救灾，一些有担当、有社会责任感的企业也积极捐款、捐物资。其中，一项捐款备受关注：鸿星尔克在其官方微博发文称"心系河南灾区，紧急捐赠 5 000 万元物资"。

鸿星尔克作为一家自身艰难度日的企业，在此次天灾面前，还能大力捐赠 5 000 万元物资，这个举动感动了大批网友，他们认为鸿星尔克是一家非常有责任心、有良心的企业，值得信赖，大量的讨论瞬间使鸿星尔克上了热搜，引来了全民的关注。一时间，鸿星尔克的实体店挤满了前来抢购的顾客，直播间也卖出了大量产品，大家用自己的热情回馈这家有爱心、有社会责任感的企业，以至于很多实体店店长，甚至鸿星尔克总裁吴荣照都出面呼吁大家理性消费。

得人心者得市场，鸿星尔克一夜爆红是"善"引发"善"的动人故事，实际上也体现了中国传统文化中"好人有好报"的愿景。

（2）良好的企业形象有助于企业扩大市场。

良好的企业形象可以形成良好的口碑效应，不仅会培养更多的忠实消费者，而且消费者之间还会进行口碑传播，吸引更多的新消费者加入购买队伍，使企业市场不断扩大。例如，在 2009 年 12 月 4 日在北京举行的"2008—2009 年度中国最受尊敬企业颁奖典礼暨论坛"上，王老吉等 26 家企业获"中国最受尊敬企业"称号。王老吉建立起备受尊敬的企业形象，始于 2008 年"5·12"汶川大地震后，它以一亿元的国内单笔最高企业捐款，诠释了这个时代最值得树立的民族企业精神。其后这件事在网络论坛中被迅速传播，"饮料就喝王老吉，捐款就捐一个亿"成为当时网络上流行的一句口号，王老吉品牌一举成名。

（3）良好的企业形象有利于打造名牌。

市场竞争的重点在不断演变，从产品到价格，再到服务，现在又演变为形象。谁在消费者心目中树立起了良好形象，谁就赢得了消费者的心，这已经成为大多数企业的共识。纵观目前市场上存在的名牌产品，它们都有良好的形象作为基础。企业要想打造名牌产品，同样要先把基础夯实。

一般情况下，产品开发是由某家企业完成的，产品投入生产前，这家企业会先被贴上研发企业的文化标签，该企业的总体形象会对产品文化价值的提升产生一定影响。这种影响对企业主营的品牌产品所产生的文化增值作用比非主营产品更加明显，比如消费者对海尔家电产品质量的信任明显无法迁移到海尔手机上。此外，如果产品的设计者是世界知名的、有影响力的设计师，也会提高产品的文化价值。

谈起德国、日本工业，人们脑中首先浮现的是精益求精的优质产品形象，可即便如此，在激烈的全球化竞争中，这两个国家同样避免不了出现造假的企业。2015 年，德国大众汽车公司坦承 1 100 万辆柴油车的排放测试数据造假，大众汽车公司为此付出了沉重的代价：大量汽车召回、巨额罚款、CEO 被迫引咎辞职、公司市值大幅缩水。2016 年，日本三菱汽车公司承认，从 1991 年起，公司一直使用违规实验方法来测算燃效数据，另外，为使从 2013 年开始生产的 4 种车型达到燃效目标，还对数据进行了篡改，以美化排放水平。这一造假事件共涉及 62.5 万辆汽车，导致 CEO 引咎辞职，三菱品牌信誉遭受重创，仅仅 3 天，公司市值便蒸发了 32 亿美元，下降幅度达 40%。2021 年 2 月，日本药企小林化工被爆出持续造假 40 年，500 种药品中的 80% 有造假记录，被地方政府要求停工 116 天。深入探究曾经以质量可靠著称的日本企业近年频繁爆出造假丑闻背后的深层次原因，可以发现中国等新兴市场经济国家崛起所带来的竞争压力，使得日本企业的某些员工为了维持"日本第一""日本制造是质量的代名词"等对内对外的所谓"体面"，选择了弄虚作假、徇私舞弊。

2．实施策略

企业形象塑造是一个庞大的系统工程，通过对企业进行全方位、系统化的设计，使企业在提升产品质量、调动员工积极性、挖掘创新意识和锻造营销队伍等方面共同发力，才能从根本上塑造企业的美好形象。产品是企业文化的承载体，是企业文化的"化身"。人们是通过消费产品来认识企业的，而不是反之。因此，通过产品，人们可以认识企业及其文化内涵。但是，企业文化不是"与生俱来"的，需要企业根据自身所处的环境、产品的特点和市场竞争情况，作出准确的判断，并采取相应措施进行培育。企业形象塑造的实施策略如下。

一是打造整体的企业文化观。企业文化渗透在企业经营管理之中，是一种无形的力量和特有的氛围，对全体员工的思想或行为起导向、支配、凝聚、优化和调节作用，是企业发展的精神支柱和价值源泉。企业形象必须以企业文化为指导，有什么样的企业文化，就有什么样的企业形象。因此，在企业形象的塑造过程中，必须把建设企业文化放在首要的位置。

二是增强研发和创新能力。掌握核心关键技术是提升工业竞争力和工业形象的关键。作为创新的主体，企业应平衡当前利益与远期利益，着眼于长远，以世界先进水平为方向，加强对核心技术的研发，加速高新技术的产业化，提升工业产品档次，争取以质取胜，以品牌取胜。

三是提高品牌质量和服务水平。产品质量的好坏、产品款式和包装的美丑、产品服务的优劣等直接影响公众对整个企业的评价。在市场经济条件下，企业最终是通过高质量的产品和服务来占领市场、取得信誉的。另外，要为消费者提供完善的服务。售后服务是品牌塑造的重要环节，要为消费者提供符合其心理期望的服务、特色的服务，甚至超越其一般心理预期的服务，给公众留下深刻而美好的印象。比如，格力电器为了提升产品质量，专门成立了原材料筛选厂，使用行业公认质量最好的物料，1 000多名质检员以严谨的工匠精神筛选进厂的每个零配件，空调出厂前必须经受格力实验室的各类测试。同时，格力在工厂坚持"零缺陷"的质量观念，并在设计、制造、采购等环节大力推广"零缺陷"，这让格力空调的返修率大大降低。正是采用这些看起来烦琐的质量控制的"笨方法"，坚持严谨的工匠精神，格力才实现了"好空调，格力造"的承诺①。

四是丰富产品的文化内涵。在产品的构思、设计、造型、款式、装潢、包装、商标、广告、服务等不同阶段、不同层次，都需要纳入文化元素，切实落实文化的影响力，从而使消费者更全面地了解产品内涵，这样才能在市场上更好地掌握产品的文化定价权。

五是做好企业形象传播。对企业和产品而言，企业形象是一个包含质量、价格、款式、包装、服务、文化、风格、信誉等各种元素的集合体。媒体时代也是"包装时代"，要善于利用各种媒体、广告等宣传企业形象。例如，可口可乐与百事可乐作为两个饮料巨头，都十分注重用体育活动和运动明星作为其产品形象设计的基本元素，在其广告中，企业名称、形象及产品都被赋予充满活力的品质，给消费者一种喝饮料就能获得青春与活力的联想。

---

① 杜婧. 基于质量文化视角的在华中德制造企业产品质量评价研究 [D]. 南京 : 南京航空航天大学学位论文 , 2009.

参考文献

[1] 阿盖什·约瑟夫. 德国制造——国家品牌战略启示录 [M]. 赛迪研究院专家组，译. 北京：中国人民大学出版社，2016.

[2] 奥兹·谢伊. 网络产业经济学 [M]. 张磊，等译. 上海：上海财经大学出版社，2011.

[3] 保罗·A. 郝比格. 跨文化市场营销 [M]. 芮建伟，等译. 北京：机械工业出版社，2000.

[4] 曹世潮. 文化营销战略：历史、景观、民俗和文化的价值如何实现 [M]. 北京：中国人民大学出版社，2006.

[5] 陈永，陈友新. 产品定价艺术 [M]. 武汉：武汉大学出版社，1999.

[6] 大卫·李嘉图. 政治经济学与赋税原理 [M]. 郭大力，王亚南，译. 北京：商务印书馆，1973.

[7] 但红燕，蒋强. 我国文化产品定价机制研究 [J]. 价格理

论与实践, 2011(11):84-85.

[8] 邓涛, 陈婧. "德国制造"职业精神之历史文化溯源 [J]. 西北工业大学学报 (社会科学版), 2017, 37(2):31-34.

[9] 菲利普·科特勒. 营销管理 [M]. 梅汝, 梅清豪, 周安柱, 译. 北京: 中国人民大学出版社, 2001.

[10] 菲利普·科特勒, 埃迪尤阿多·罗伯托. 营销大未来 [M]. 俞利军, 邹丽, 译. 北京: 华夏出版社, 1999.

[11] 菲利普·R. 凯特奥拉, 玛丽·C. 吉利, 约翰·L. 格雷厄姆. 国际市场营销学 (原书第15版)[M]. 赵银德, 沈辉, 张华, 译. 北京: 机械工业出版社, 2012.

[12] 甘碧群, 曾伏娥. 国际市场营销学 (第三版)[M]. 北京: 高等教育出版社, 2014.

[13] 何伟俊. 市场营销中的文化因素与跨文化营销理论体系建构 [J]. 学术研究, 2000(12):23-27.

[14] 黄彪虎. 赋予农产品文化内涵的思考 [J]. 广西农学报, 2011, 26(3):84-85.

[15] 黄灿. 德国中小型企业与德国人的"工匠精神" [J]. 现代企业, 2017(9): 79-80.

[16] 黄江伟. 星巴克 VS 哈根达斯: 渗透文化 [J]. 中国中小企业, 2007(5):40-44.

[17] 纪峰, 王建彦. 论企业开展文化营销的必要性 [J]. 现代商贸工业, 2017(25):55-56.

[18] 蒋传海, 唐丁祥. 厂商动态竞争性差别定价和竞争优势实现——基于消费者寻求多样化购买行为的分析 [J]. 管理科学学报, 2012, 15(3):44-53.

[19] 焦斌龙. 文化企业营销学概论 [M]. 太原 : 北岳文艺出版社 , 2009.

[20] 李德庆 , 张秋华. 浅谈企业文化营销的作用——以云南白药牙膏成功的文化营销为例 [J]. 中国商贸 , 2015(1):6-7.

[21] 李冬薇. 从包装设计看河南特产与地域文化的融合 [J]. 中国包装工业 , 2015(Z2):162.

[22] 李怀亮. 国际文化贸易导论 [M]. 北京 : 中国传媒大学出版社 , 2008.

[23] 李庭新 , 李书. 文化产品价值的经济学分析 [J]. 市场周刊 (研究版), 2005(3):93-95.

[24] 厉无畏 , 王慧敏. 创意产业促进经济增长方式转变——机理·模式·路径 [J]. 中国工业经济 , 2006(11):5-13.

[25] 李向民 , 王晨. 文化产业管理概论 [M]. 北京 : 清华大学出版社 , 2015.

[26] 李雪 , 杨和财 , 李焕梅. 中法葡萄酒地理标志、质量等级、标签比较研究 [J]. 中国酿造 , 2017, 36(11):185-188.

[27] 刘晓东. 基于地域文化研究的文化创意产品价值增值策略研究 [J]. 艺术百家 , 2016, 32(3):54-57.

[28] 刘英瑞 , 荣商悦 , 韩爱芹. 文化差异对跨国营销的影响分析 [J]. 对外经贸实务 , 2010(4):49-51.

[29] 马歇尔. 经济学原理 [M]. 朱志泰 , 陈良璧 , 译. 北京 : 商务印书馆 , 2019.

[30] 平力群.从振兴内容产业看日本国家软实力资源建设 [J]. 日本学刊 , 2012(2):128-144.

[31] 秦霖 , 邱菀华. 文化产品价格形成机制探析 [J]. 经济与管理研究 , 2005(12):26-27.

[32] 施炳展. 文化认同与国际贸易 [J]. 世界经济 , 2016, 39(5):78-79.

[33] 孙春芳. 美国按产品生命周期定价的理论和方法 [J]. 价格理论与实践，1983(4):60-63.

[34] 王志标. 影响文化产品价格的因素分析 [J]. 中南财经政法大学学报，2008(5):114-118.

[35] 维尔纳·桑巴特. 奢侈与资本主义 [M]. 王燕平，侯小河，译. 上海：上海人民出版社，2005.

[36] 辛欣. 中资企业在德跨文化营销 [J]. 齐鲁工业大学学报 (自然科学版)，2017, 31(4):68-72.

[37] 亚当·斯密. 亚当·斯密全集 第 2 卷：国民财富的性质和原因的研究 (上卷). 郭大力，王亚南，译. 北京：商务印书馆，2014.

[38] 亚当·斯密. 亚当·斯密全集 第 3 卷：国民财富的性质和原因的研究 (下卷). 郭大力，王亚南，译. 北京：商务印书馆，2014.

[39] 杨屏. 文化创意对制造业影响的机理研究 [D]. 南京：南京艺术学院，2015.

[40] 杨渭文，蒋传海. 滞留成本、竞争性定价歧视和定价机制选择 [J]. 财经研究，2008(4):50-61.

[41] 杨香豹. 德国制造业百年长青的基因密码 [J]. 上海企业，2014(3):76-79.

[42] 俞新天. 中国文化价值观的构建与传播 [J]. 国际问题研究，2011(6):5-19, 126.

[43] 翟艳丽，艳丽，杜娟. 解读法国葡萄酒 [J]. 中外食品 (酒尚)，2007(8):86-104.

[44] 张保林. 产品社会价值对企业最优产量和利润的影响分析——基于古诺双寡模型的探索 [J]. 价值工程，2014, 33(21):211-213.

[45] 张德斌，关敏. 高新技术企业营销策略 [M]. 北京：中国国际广播出版社，2002.

[46] 张晶. 从法国品牌文化看宁夏葡萄酒品牌崛起 [J]. 企业研究，2007(12):28-29.

[47] 张玮，何贵兵，戚龙. 中国文化价值观与中国人幸福感的研究综述 [J]. 心理研究，2011(3):48-52.

[48] 赵芸. 推进品牌建设 打造核心竞争力 [N]. 中国船舶报，2015-06-05(004).

[49] 周宇燕. 从一杯咖啡的价格看星巴克的文化营销策略 [J]. 现代经济信息，2013(24):421-422.

[50] 朱上上. 现代产品设计中的区域文化意象研究 [J]. 包装工程，2009，30(5):209-210.

[51] BISWAS A, BLAIR E A. Contextual effects of reference prices in retail advertisements[J]. Journal of Marketing, 1991, 55(3): 1-12.

[52] BOULDING K E . The economics of knowledge and knowledge of economics[J]. American Economic Review, 1966, 56 (2): 1-13.

[53] BURKIT L. Starbucks plays to local Chinese tastes[N]. The Wall Street Journal, 2012-11-26.

[54] EINARSSON A, Cultural economics[M]. Bifröst :Bifröst University, 2016.

[55] FELBERMAYR C, TOUBAL F. Cultural proximity and trade[J]. European Economic Review, 2010, 54(2): 279-293.

[56] KLEIN N H, OGLETHORPE J E. Cognitive reference points in consumer decision making[J]. Advances in Consumer Research, 1987(14):183-187.

[57] LENG C, BOTELHO D. How does national culture impact on consumers' decision-making styles? A cross cultural study in Brazil, the United States and Japan[J]. Brazilian Administration review, 2010, 7(3), 260-275.

[58] MAGNINI V P. The influence of national culture on the strategic use of salesperson pricing authority: A cross-country study within the hotel industry[J]. International Journal of Hospitality Management, 2009, 28(1), 173-176.

[59] MARIEKE M, HOFSTEDE G. Cross-cultural consumer behavior: a review of research findings[J]. Journal of International Consumer Marketing, 2011, 23: 181-192.

[60] MCGRAY D. Japan'Gross national cool[J]. Foreign Policy, 2002, No. 130: 44-54.

[61] MELITZ J. Language and foreign trade[J].European Economic Review, 2008, 52(4):667-699.

[62] MELITZ J, TOUBAL F. Native language, spoken language, translation and trade[J]. Journal of International Economics, 2014, 93(2) , 351-363.

[63] MOWSHOWITZ A. Virtual organization[J]. Communication of the ACM, 1997, 40(9):30-37.

[64] SCHERER F M. Industrial market structure and economic performance, 1st edition[M]. Skokie:Rand Mcnally & Co, 1970.

[65] WINER R S. A reference price model of brand choice for frequently purchased products[J]. Journal of Consumer Research, 1986 13(2):250-256.